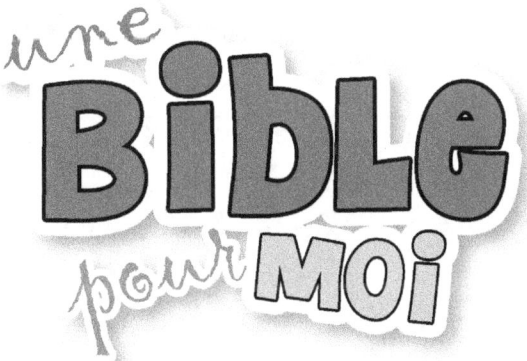

Manuel d'activités pour parents et animateurs
ACTIVITÉS MANUELLES

Bienvenue dans le livret d'activités manuelles ! Nous vous recommandons vivement d'imprimer les pages destinées aux activités manuelles sur du carton pour obtenir le résultat escompté. Ces bricolages simples sont accessibles à la plupart des enfants et leurs réalisations ne requièrent que peu d'aide de la part de l'animateur ou d'un parent. Les lignes grises en gras autour des images donnent des repères pour les découper. Les pointillés indiquent où plier.

Agnès de Bézenac

www.iCharacter.eu
Texte : Agnès de Bézenac
Illustrations : Agnès de Bézenac
Publié par iCharacter Ltd. - Irlande
Traduit de l'original anglais par Barbara Weber

Copyright © 2016 iCharacter Limited. Tous droits réservés. Aucune partie de ce livre ne peut être reproduite sous quelque forme que ce soit, y compris par les moyens électroniques ou mécaniques, les systèmes de stockage de l'information et de récupération, sans autorisation écrite de l'éditeur ou de l'auteur, sauf s'il s'agit de la citation de brefs extraits dans le cadre d'une revue de presse. (Le manuel peut être photocopié, mais uniquement une copie pour chacun des enfants de votre groupe.)

Histoires de l'Ancien Testament

#	Titre	Histoire de la Bible	Leçon	Pg.
1	Dieu créa le monde	La Création	Je m'applique	1
2	Le premier péché	Adam et Ève	Je sais dire non	3
3	Noé obéit à Dieu	L'arche de Noé	J'obéis	5
4	La tour géante	Babel	Je demeure humble	7
5	Il s'appuie sur Dieu	Abraham	Je m'appuie sur Dieu	9
6	Sara attend un bébé	Abraham et Sara	Je suis patient	18
7	Une femme pour Isaac	Rebecca	Je prends l'initiative	21
8	La fourberie de Jacob	Jacob et Esaü	Je suis honnête	22
9	Un drôle de rêve	Jacob	Je suis encouragé	25
10	Le manteau multicolore	Joseph	Je ne me compare pas	26
11	La grande sœur	Myriam	Je me montre responsable	27
12	À travers la mer	Moïse	Je fais confiance à Dieu	28
13	Les Dix Commandments	Moïse	Je respecte les règles	31
14	Une bataille fracassante	Josué	Je suis disposé	34
15	Une femme s'en va-t-en guerre	Débora	J'aime rendre service	35
16	Une drôle d'idée	Gédéon	Je suis prêt à m'adapter	34
17	L'homme le plus fort	Samson	Je prends de bonnes décisions	36
18	En glanant les épis	Ruth	Je suis fidèle	38
19	Dieu soit loué !	Anne	Je loue le Seigneur	42
20	Seigneur, je t'écoute	Samuel	J'écoute attentivement	44
21	Un petit berger	David	Je prends soin des autres	45
22	Face au géant	David et Goliath	Je suis courageux	65
23	Il chante à Dieu	Le roi David	J'aime célébrer Dieu	67
24	Un roi très sage	Salomon	J'apprends la sagesse	71
25	Un temple pour Dieu	Salomon	J'adore Dieu	73
26	Les oiseaux lui apportent à manger	Élie	J'ai de l'endurance	75
27	Une bien pauvre veuve	Élie	Je pense aux autres	75
28	Plonge-toi sept fois	Naaman	Je suis déterminé	77
29	Le petit roi	Joas	Je travaille en équipe	78
30	Trois amis courageux	La fournaise ardente	J'ai de solides convictions	83
31	En pâture aux lions	Daniel	Je résiste à la pression	85
32	Reconstruisons les murailles	Néhémie	Je persévère	85
33	Une belle reine	Esther	Je recherche la vraie beauté	89
34	Dans le ventre du gros poisson	Jonas	Je suis disponible	90

Histoires du Nouveau Testament

#	Titre	Histoire de la Bible	Leçon	Pg.
35	Le Roi est né	Bébé Jésus	Je reçois l'amour de Dieu	91
36	Des cadeaux royaux	Les Rois mages	Je prends le temps d'admirer	93
37	Dans le Temple	Jésus	J'aime la Parole de Dieu	94
38	Il parle de Jésus	Jean-Baptiste	Je parle avec hardiesse	96
39	Jésus choisit ses disciples	Jésus	Je marche avec Jésus	98
40	En compagnie de Jésus	Jésus	Je veux être bon	100
41	De l'eau changée en vin	Jésus	Je garde ma bonne humeur	103
42	Jésus calme la tempête	Jésus	Jésus me calme	107
43	Jéus, le grand médecin	Une fille revient à la vie	J'ai foi en Jésus qui guérit	111, 121
44	Est-ce un oiseau ?	L'aveugle voit	Je demande à Dieu	112
45	Enfin retrouvée	La parabole de la brebis perdue	J'apprends à réagir	113
46	Le paralytique	Jésus	Je suis un ami	113
47	Un petit garçon partage	Jésus	J'aime partager	116
48	Prends le temps d'écouter	Marthe et Marie	Je mets Jésus en premier	117
49	Le bon Samaritain	Parabole	J'ai de la compassion	119
50	Le papa qui pardonne	L'enfant prodigue	Je suis pardonné	121
51	Un seul revient	Les dix lépreux	Je dis merci	122
52	Un homme changé	Zacchée	Je me repens	123
53	Une entrée triomphale	Jésus	Je déborde d'enthousiasme	125
54	Plus qu'un repas	La communion	Je prends le repas de Jésus	126
55	Jésus sur la croix	Jésus	Je suis sauvé	127
56	Il revient à la vie	Jésus	Jésus me donne la vie	130
57	Jésus monte au Ciel	Jésus	J'ai l'espérance	133
58	Des flammes de feu	Le Saint-Esprit	Je reçois le Saint-Esprit	135
59	La Bonne Nouvelle	Les Actes des apôtres	Je témoigne	136
60	Le Ciel qui nous attend	Les visions de Jean	Je vais au Ciel	139

histoire
1

1

2

3

4

5

6

Un verset biblique

Des mains actives procurent la richesse.

(Proverbes 10:4)

histoire **1**

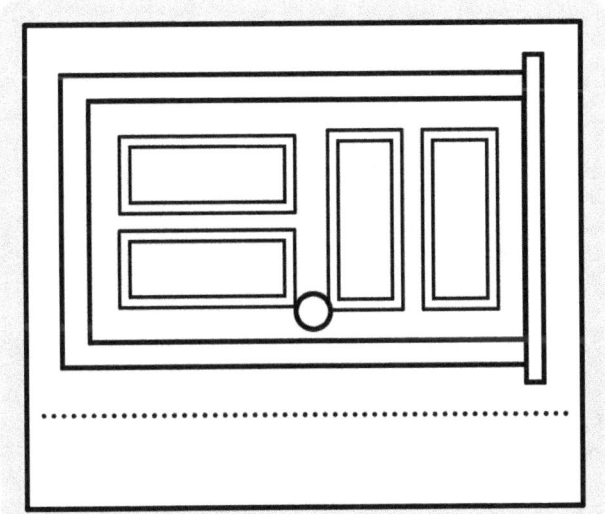

 un verset biblique

Avant tout : veille soigneusement sur ton cœur.

(Proverbes 4:23)

Je ferme la porte à la tentation !

prénom

histoire **2**

histoire **2**

histoire **3**

histoire **3**

Un verset biblique

Faites ce qui est bon, ce qui plaît au Seigneur."
(Deutéronome 6:18)

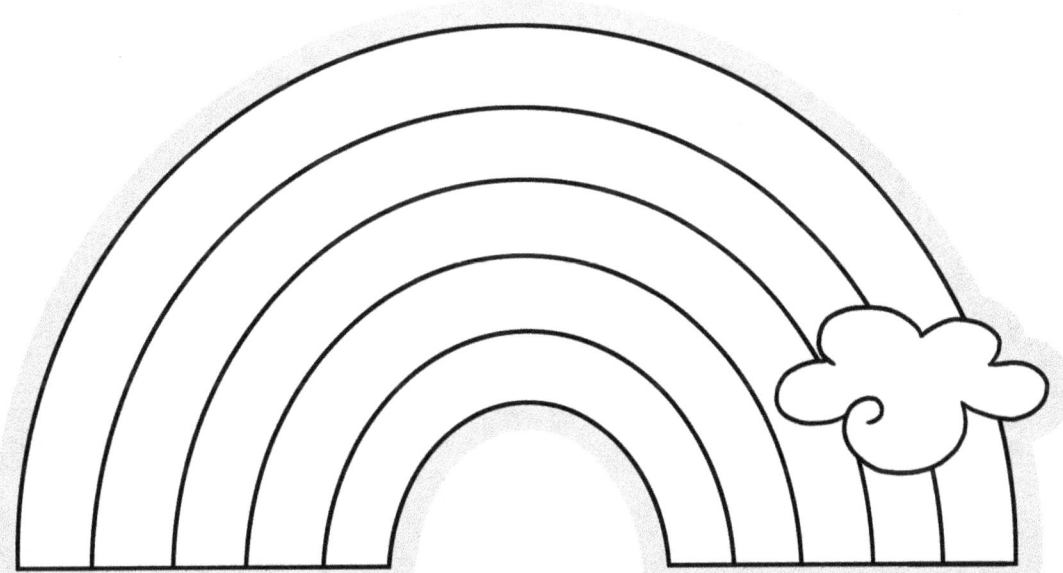

histoire 4

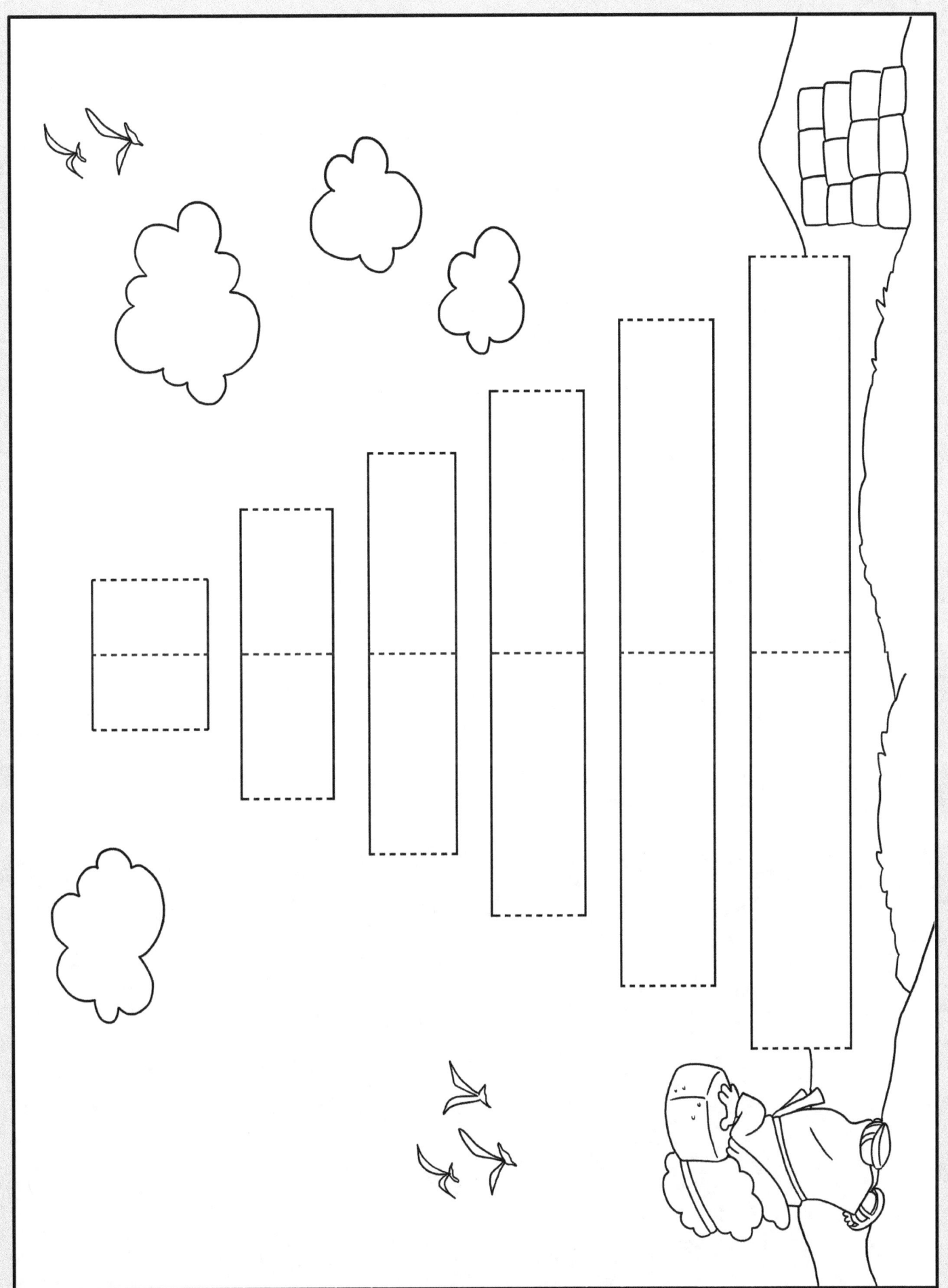

7

histoire **4**

Un verset biblique

Dieu s'oppose aux orgueilleux mais il traite les humbles avec bonté.

(Jacques 4:6)

histoire
5

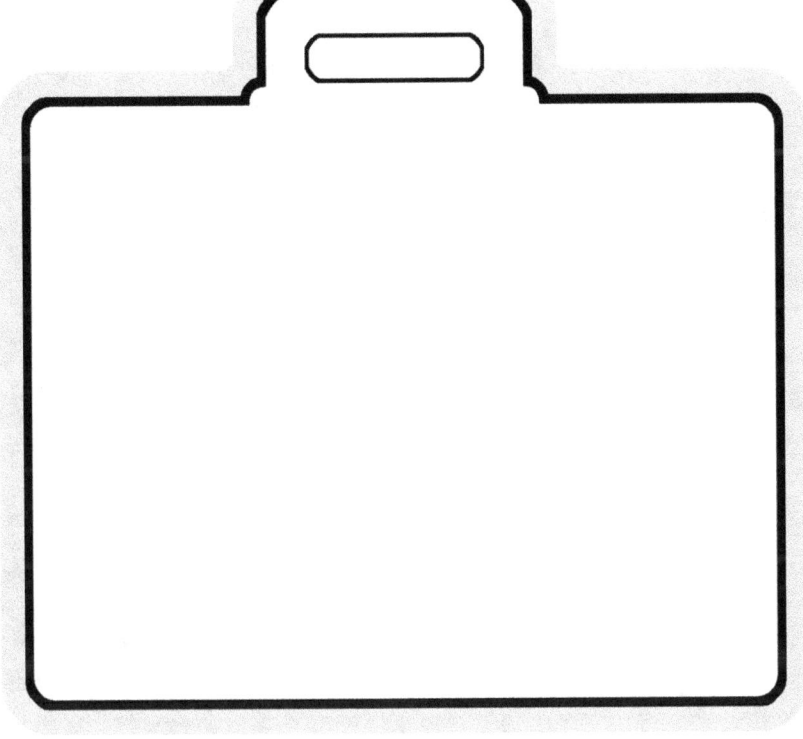

Un verset biblique

Seigneur, fais-moi connaître le chemin à suivre, enseigne-moi à vivre comme tu le veux.

(Psaume 25:4)

histoire 5

histoire **5**

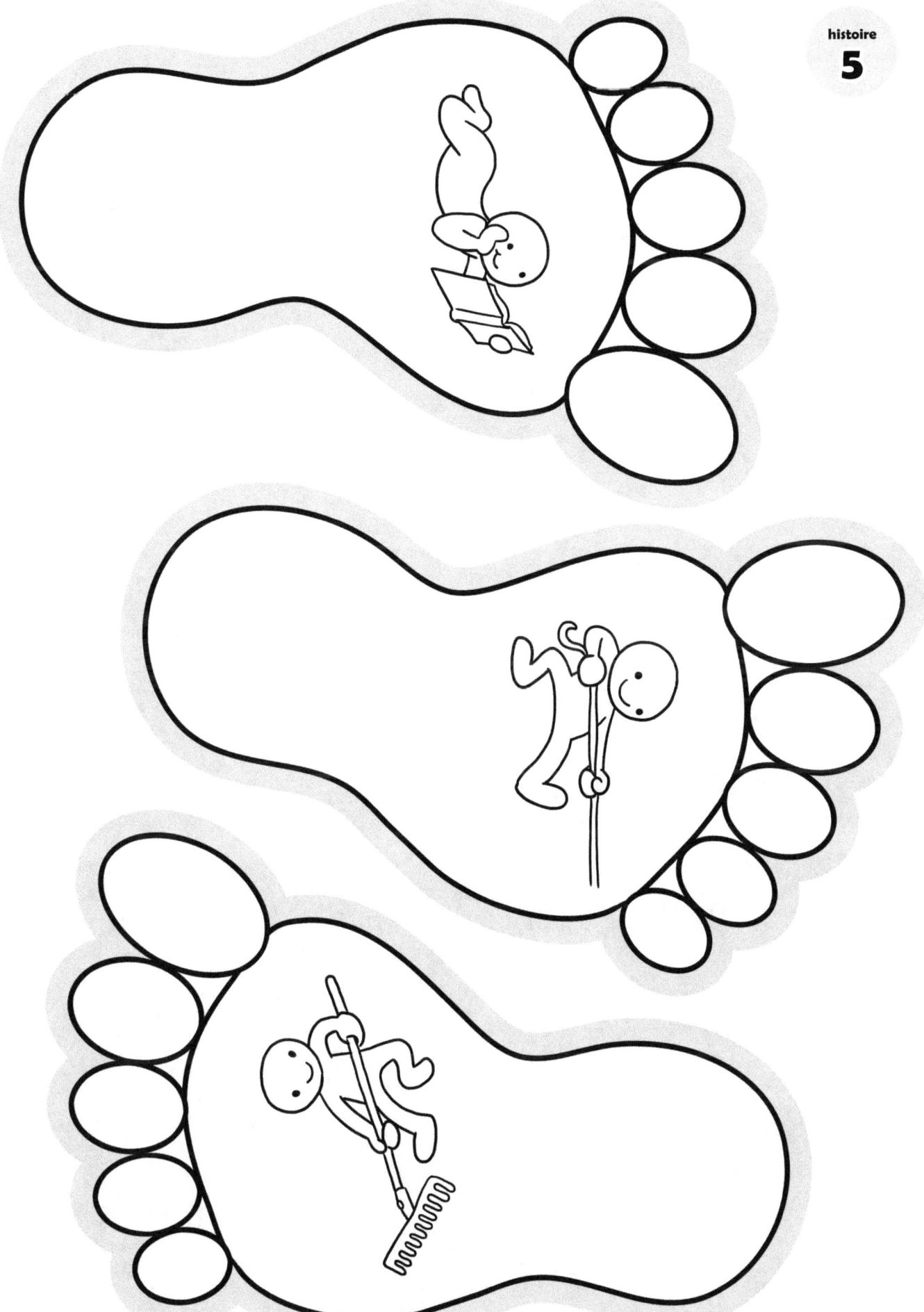

11

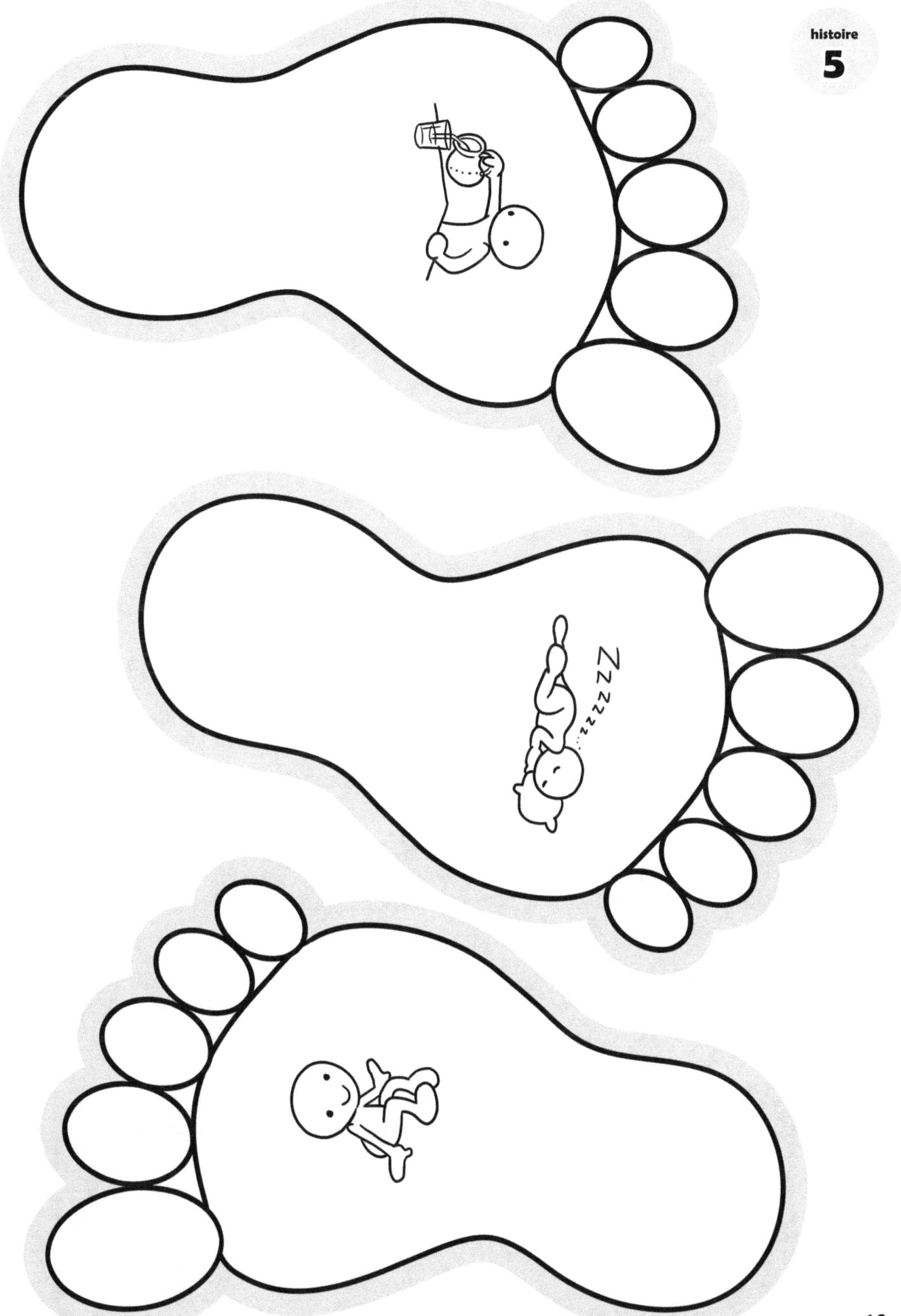

histoire 5

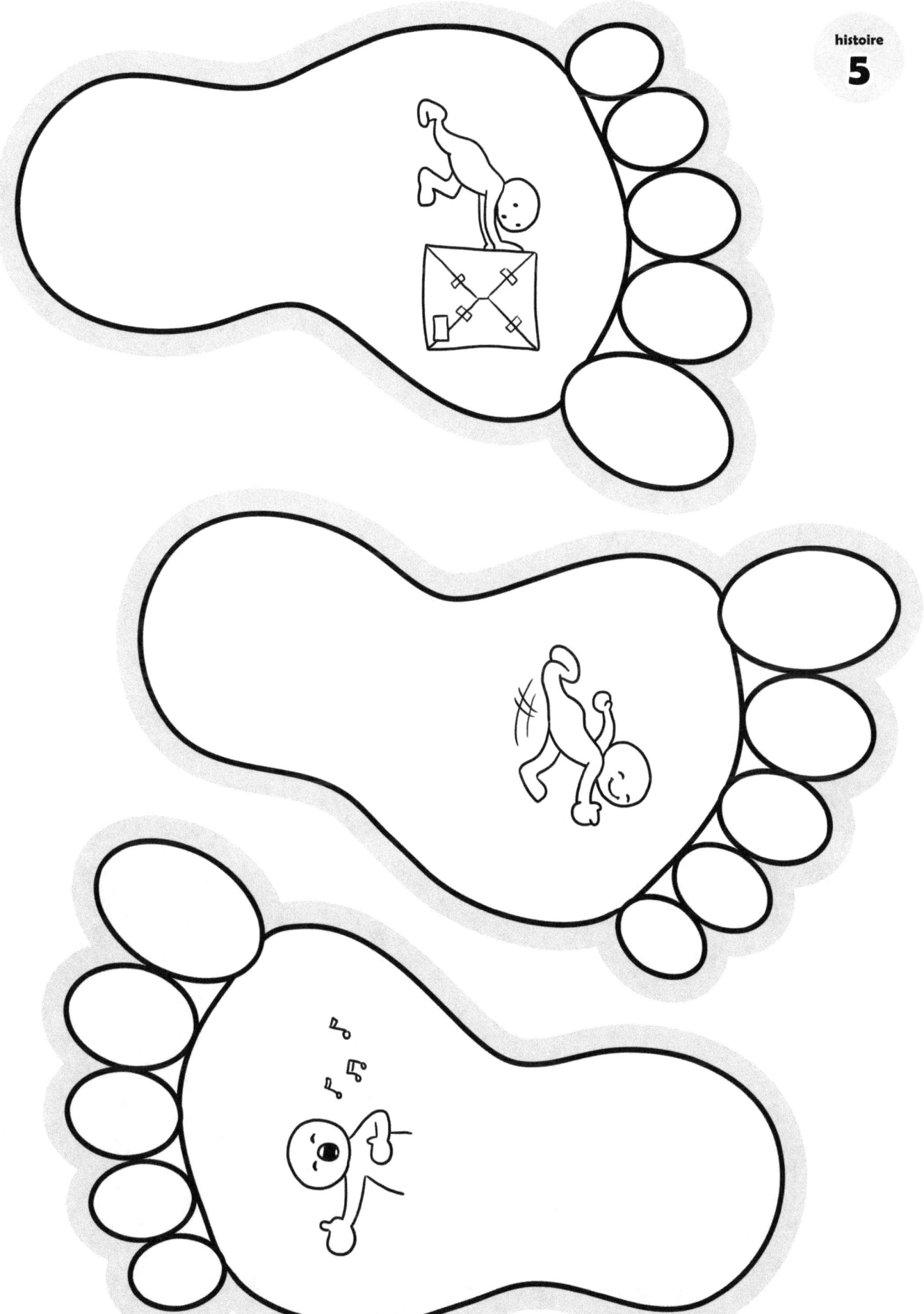

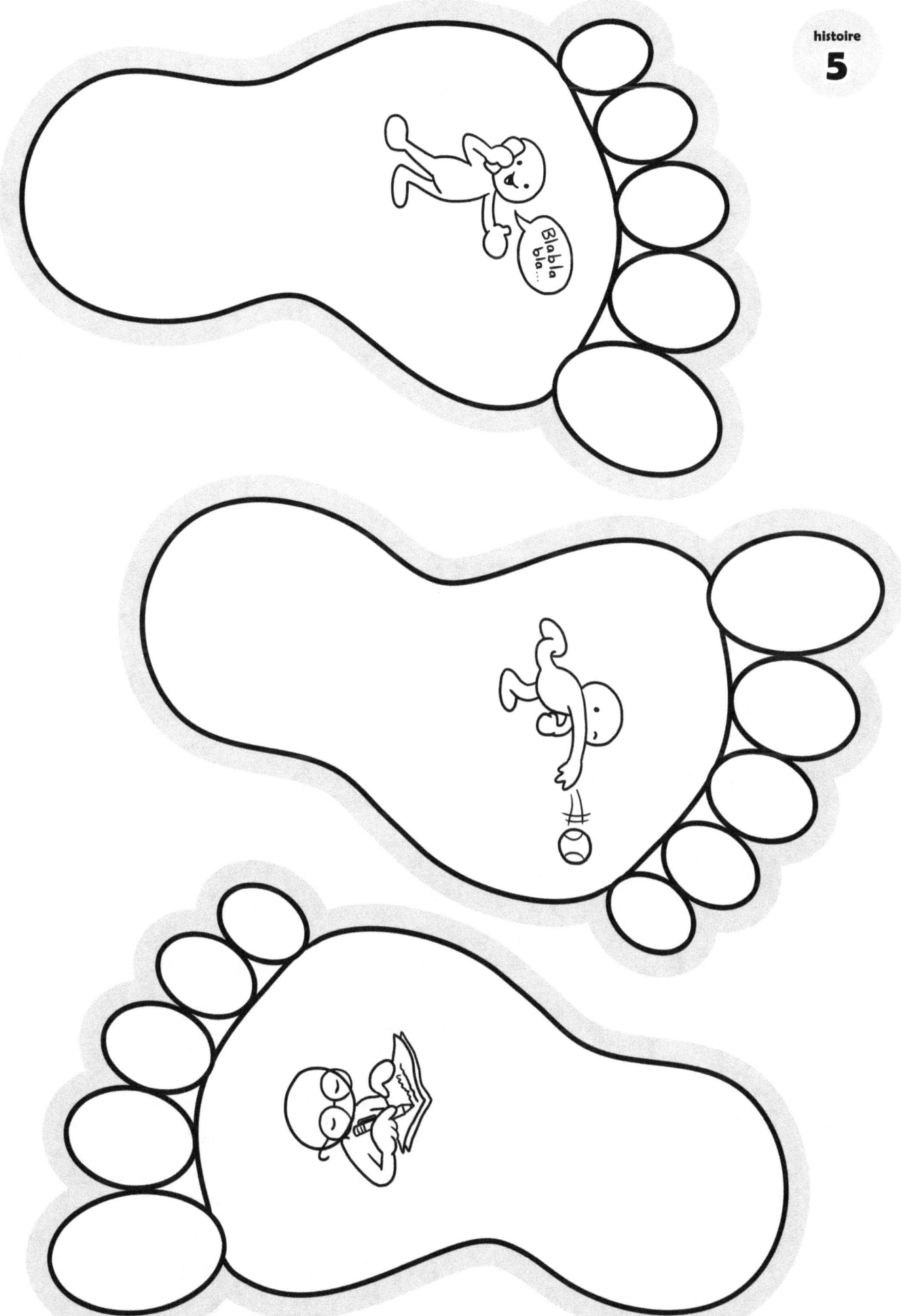

histoire **5**

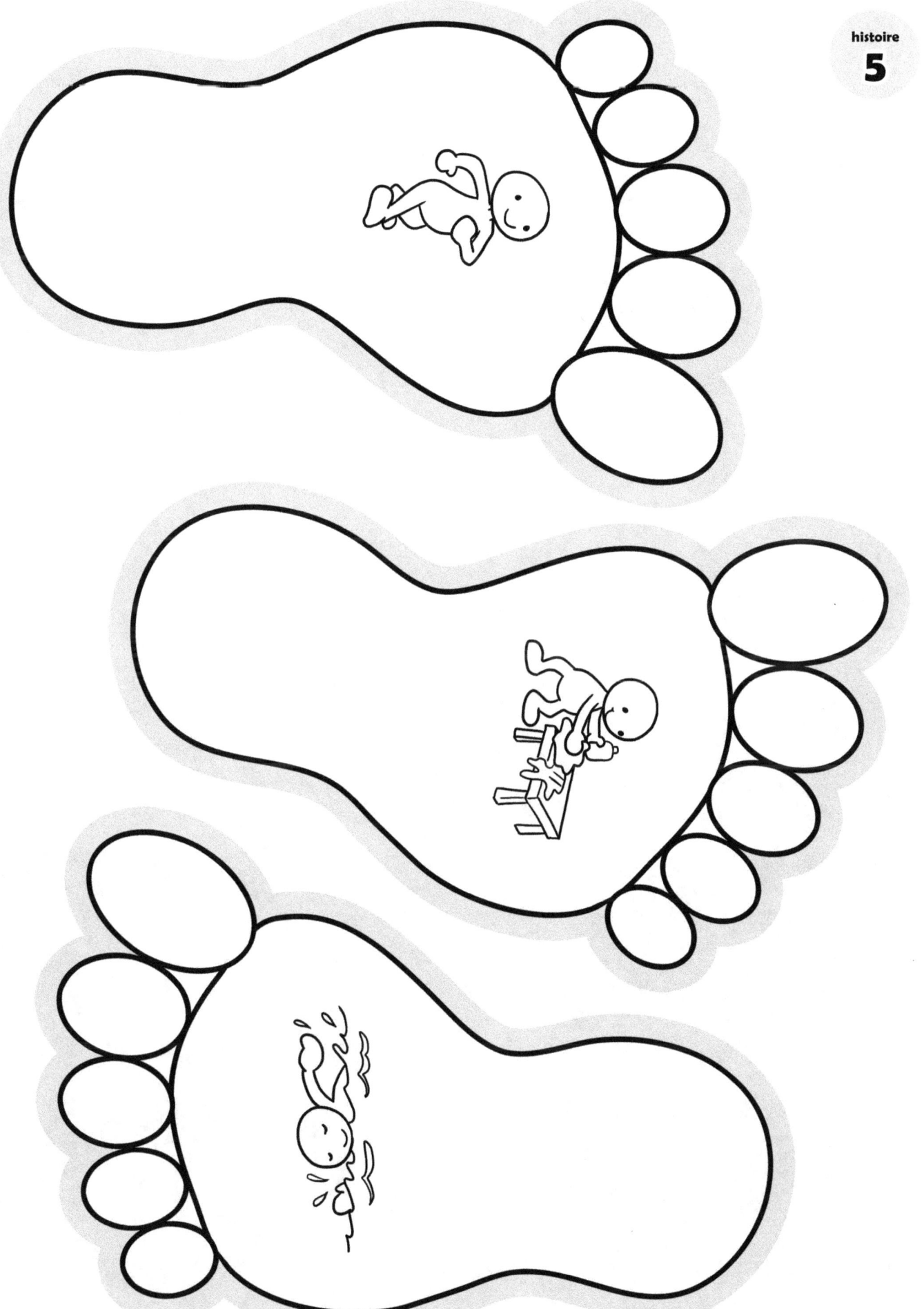

15

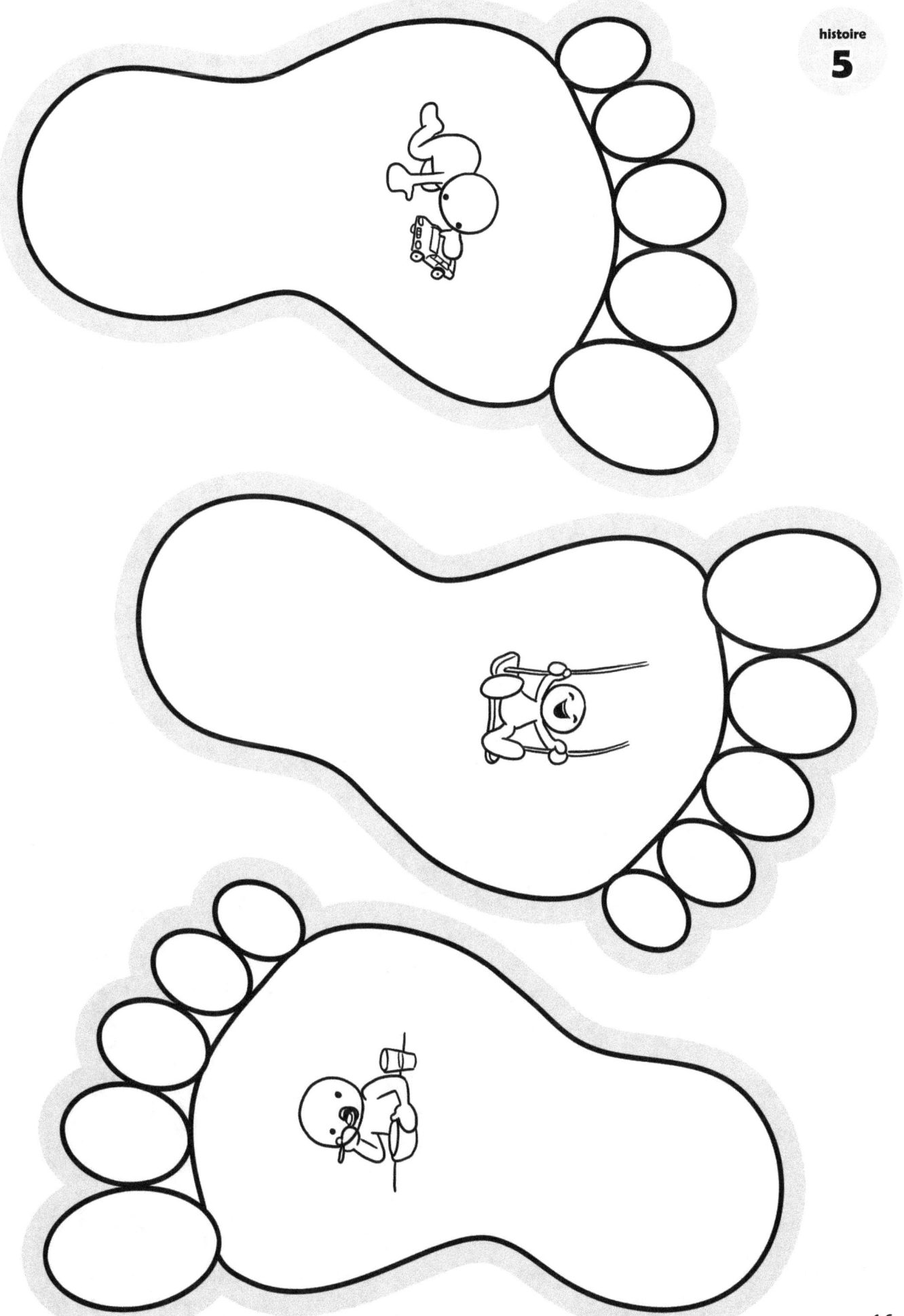

histoire 5

terre

eau

ciel

histoire **6**

Abraham et Sarah ont patiemment attendu pour avoir un bébé.

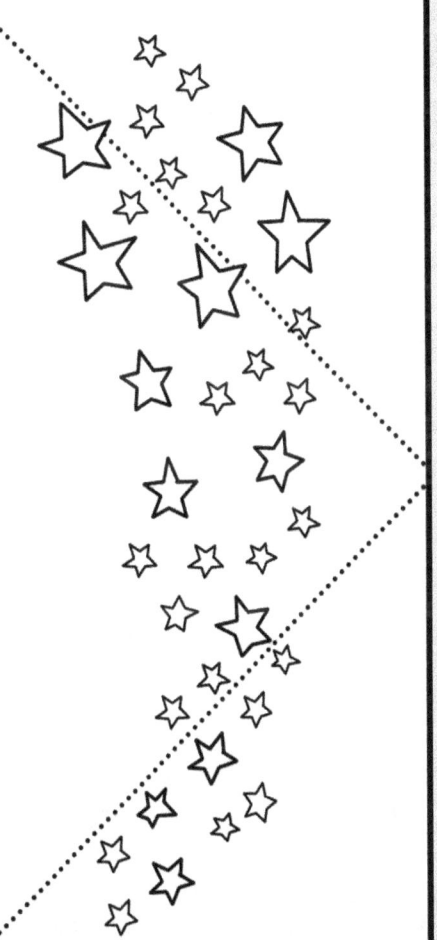

Dieu les a béni en leur donnant un adorable petit garçon nommé Isaac.

Un verset biblique

Compte patiemment sur le Seigneur ; fortifie-toi, reprends courage, espère en l'Éternel.

(Psaume 27:14)

histoire 7

19

histoire 7

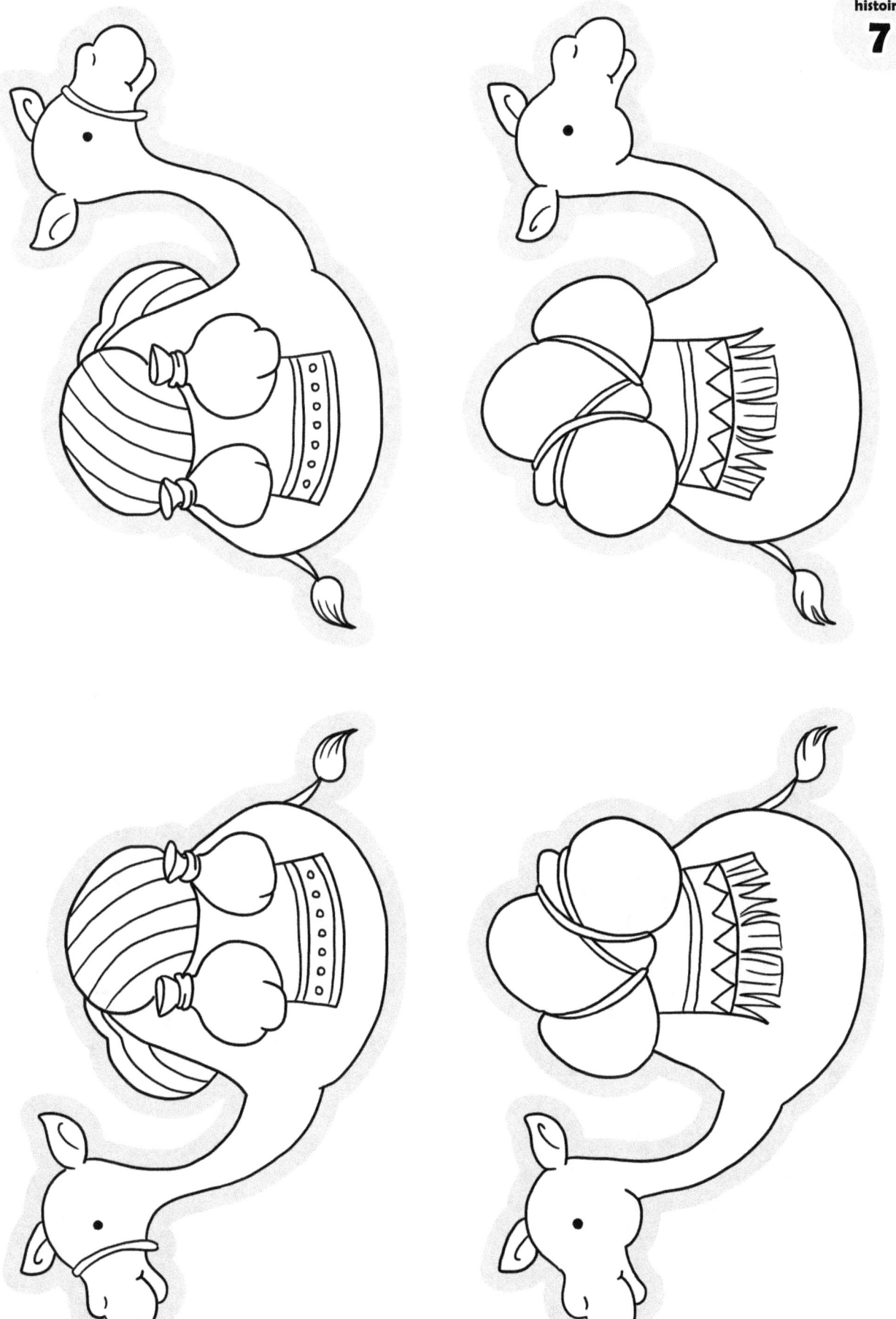

histoire **8**

histoire **9**

Un verset biblique

C'est Dieu qui me donne le courage et la force, et qui me trace un chemin droit.

(Psaume 18:32)

histoire **10**

 Un verset biblique

Faites tout ce que vous pouvez pour vivre en paix avec tout le monde.

(Hébreux 12:14a)

histoire 11

27

histoire **12**

Un verset biblique

Rien n'est
impossible à Dieu.
(Luc 1:37)

histoire **11**

Un verset biblique

Celui qui est fidèle dans
les petites choses le sera
aussi dans les grandes.
(Luc 16:10)

1
Tu n'auras pas d'autre Dieu que Moi. (Ex. 20:3)
Dieu doit avoir la première place, et être au-dessus de tout. Nous devons aimer et servir le Seigneur de tout notre cœur, de toute notre âme et de toute notre force. (Deut. 6:5)

2
Tu ne fabriqueras pas de statue ou d'autre objet pour m'adorer. (Ex. 20:4) Il existe plusieurs façons d'idolâtrer. De nos jours, au lieu de se mettre à genoux devant des statues, beaucoup de personnes font passer certaines choses avant Dieu, comme l'argent, les biens matériels ou la gloire.

3
Tu n'utiliseras pas le nom de Dieu en vain. (Ex. 20:7) Nous devons garder notre bouche propre en utilisant le nom de Dieu avec respect et humilité, tout comme brosser nos dents nous donne une bouche toute propre.

4
Souviens-toi du jour du repos pour le sanctifier. (Ex. 20:8) Il nous faut garder un jour par semaine pour nous reposer et passer du temps avec Dieu.

5
Honore ton père et ta mère. (Ex. 20:12)
Nous devons obéir à nos parents, les aimer et les respecter.

6
Tu ne tueras pas. (Ex. 20:13)
Nous ne devons pas faire de mal aux autres.

7
Tu ne commettras pas d'adultère. (Ex. 20:14)
Les maris et les femmes doivent rester honnêtes l'un envers l'autre et toujours s'aimer.

8
Tu ne voleras pas. (Ex. 20:15) Voler, c'est prendre des choses qui ne nous appartiennent pas, comme par exemple prendre un bonbon dans un magasin, sans le payer. Nous ne devons rien prendre qui ne nous appartienne pas.

9
Tu ne porteras pas de faux témoignage contre ton prochain. (Ex. 20:16) Un petit mensonge devient souvent un grand mensonge ou nous entraîne à mentir encore plus. Nous devons rester honnêtes et toujours dire la vérité.

10
Tu ne convoiteras pas. (Ex. 20:17)
Nous devons nous réjouir des bénédictions des autres et ne pas être tristes ou fâchés de ne pas avoir la même chose qu'eux.

histoire **13**

1. Aime Dieu plus que tout.
2. Que rien n'ait plus d'importance que Dieu dans ta vie.
3. Utilise le nom de Dieu avec amour et respect.
4. Passe du temps avec Dieu le septième jour de la semaine.
5. Aime et respecte ton père et ta mère.
6. Ne fais jamais de mal à personne.
7. Sois fidèle à ton mari ou à ta femme.
8. Ne prends pas les choses qui ne t'appartiennent pas.
9. Dis toujours la vérité.
10. Sois content de ce que tu as plutôt que de vouloir posséder ce qui appartient aux autres.

Un verset biblique

Si vous m'aimez, gardez mes commandements.

(Jean 14:15)

histoire **13**

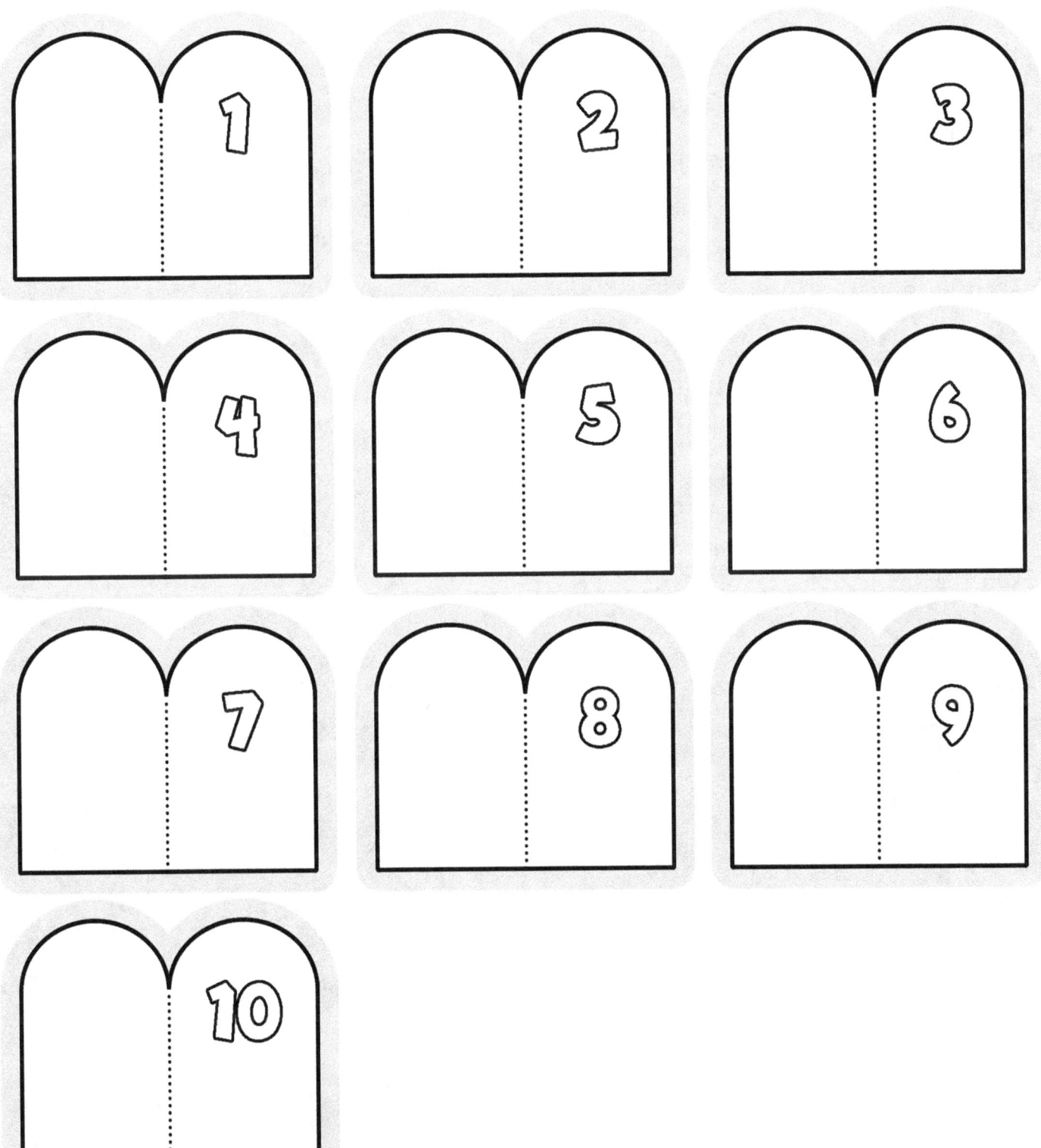

Les Dix Commandements

Si vous m'aimez,
gardez mes
commandements.

(Jean 14:15)

histoire **15**

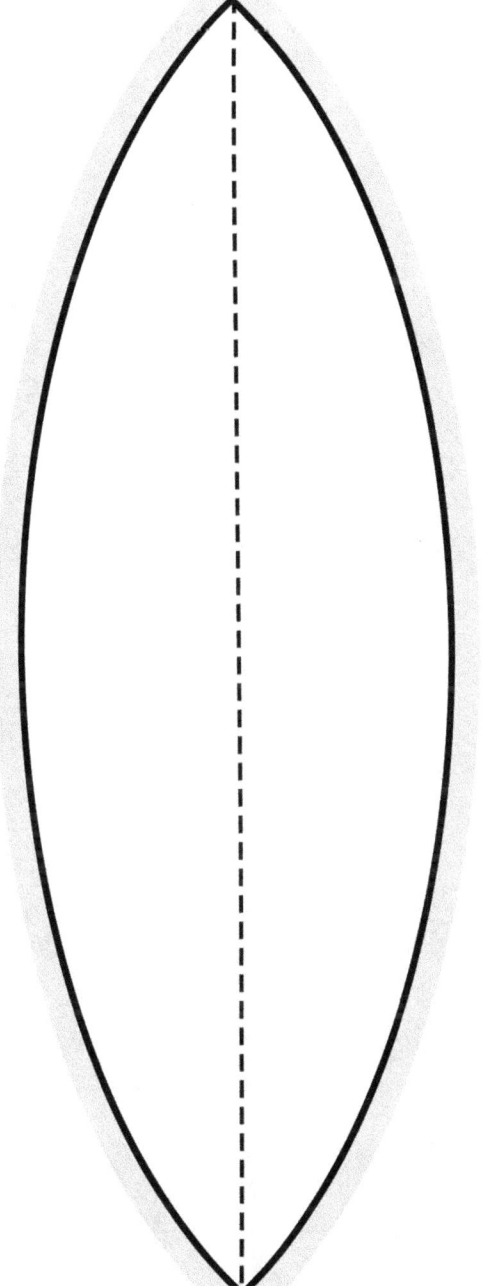
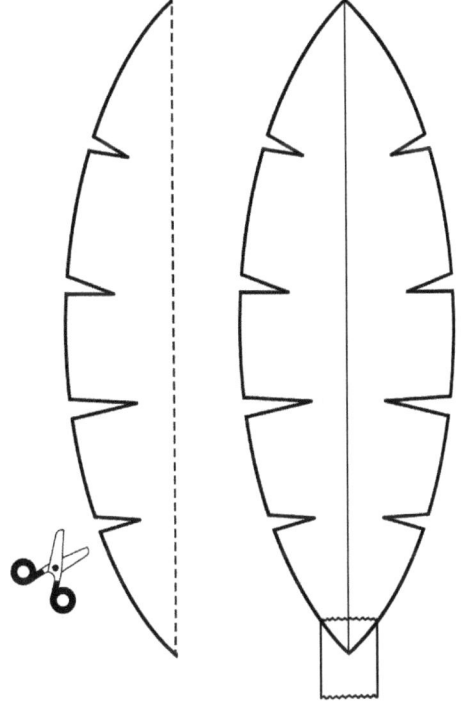

Un verset biblique

Quoi que vous fassiez, faites-le comme pour le Seigneur.

(Colossiens 3.23)

histoire 17

J'ai fait le **bon choix !** ②	J'ai fait le **bon choix !** ⑤
J'ai fait le **bon choix !** ①	J'ai fait le **bon choix !** ④
Mes bonnes décisions _____ (Prénom)	J'ai fait le **bon choix !** ③

histoire **18**

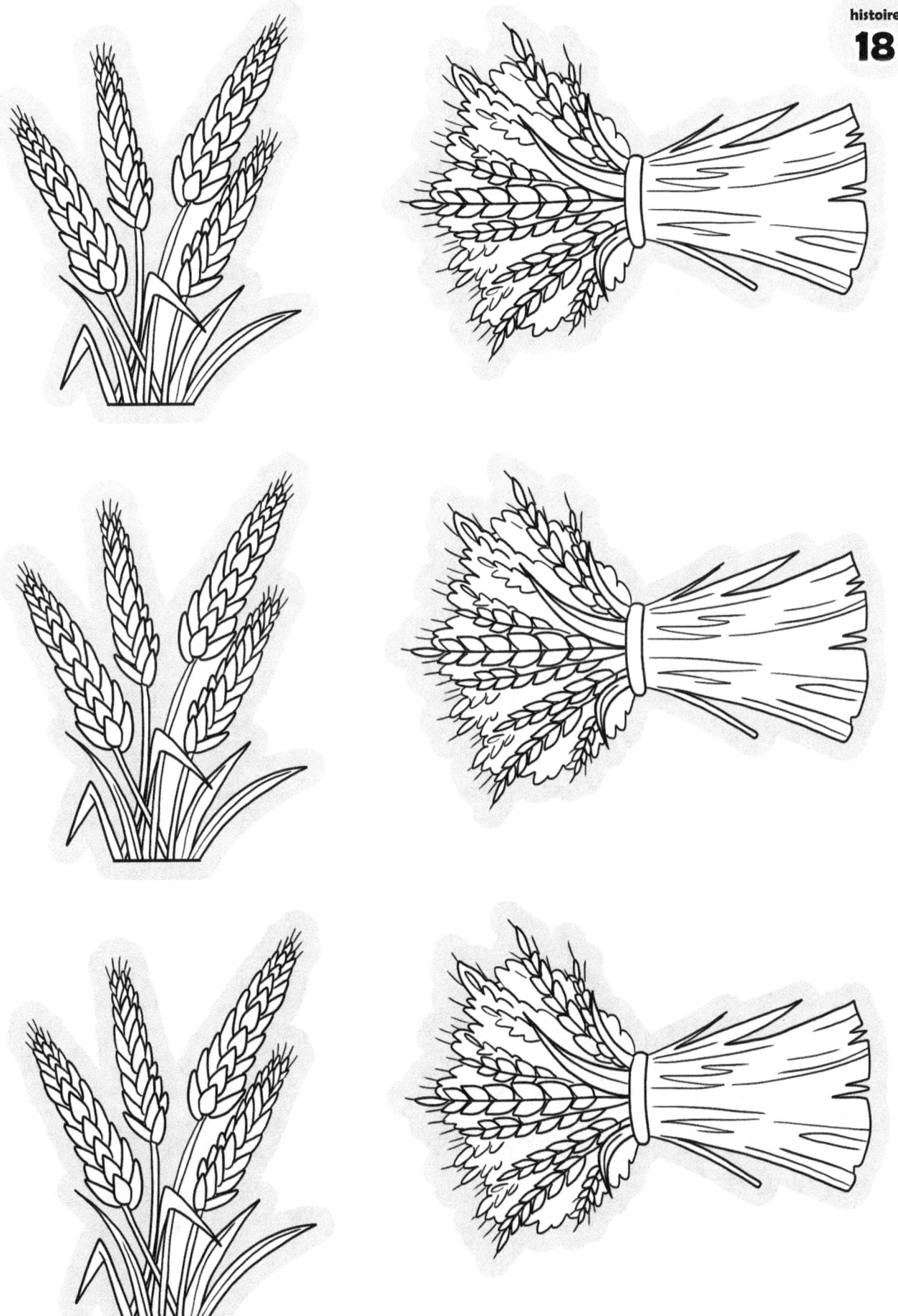

38

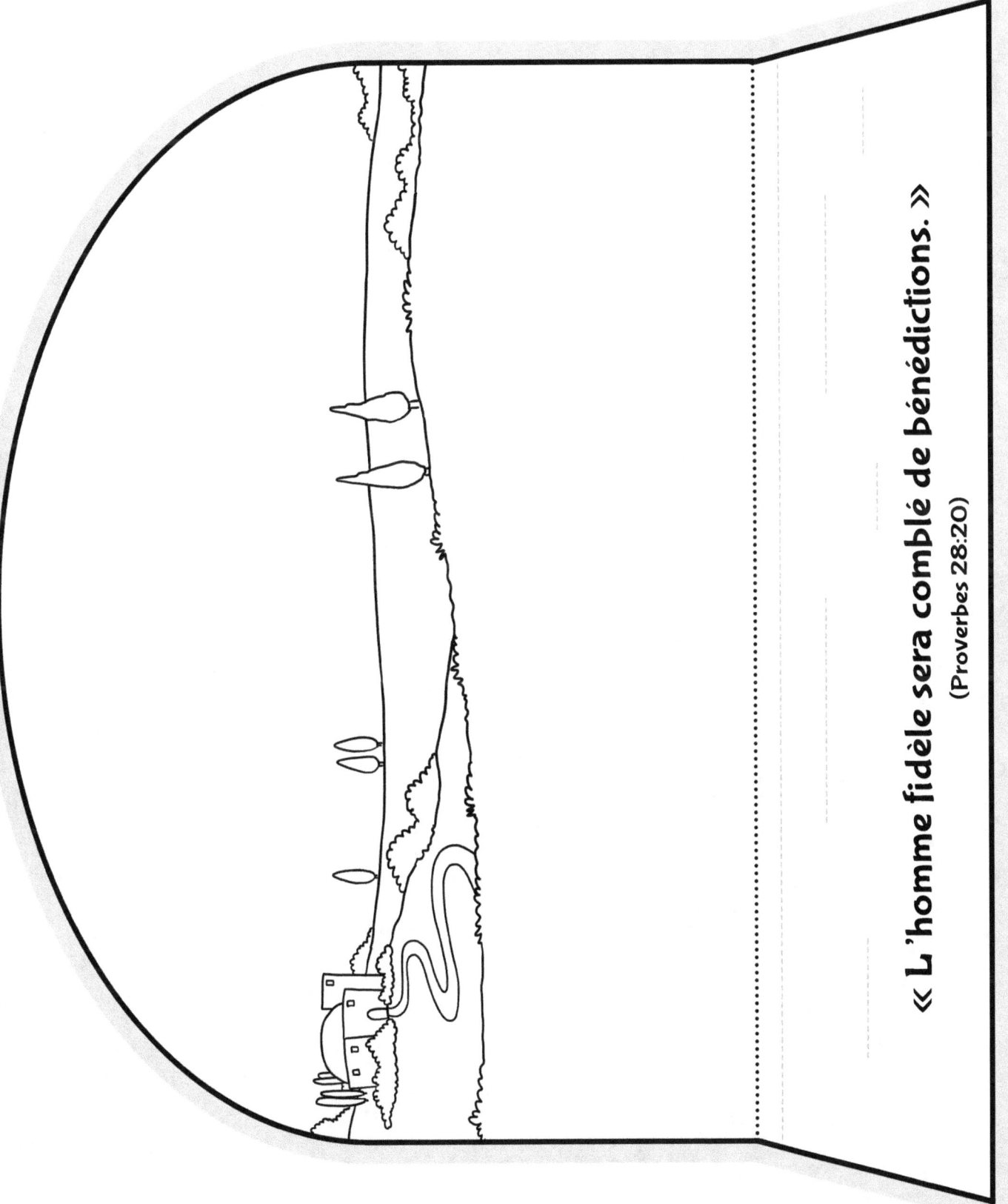

« L'homme fidèle sera comblé de bénédictions. »
(Proverbes 28:20)

histoire 18

histoire **18**

Un verset biblique

L'homme fidèle sera comblé de bénédictions.
(Proverbes 28:20)

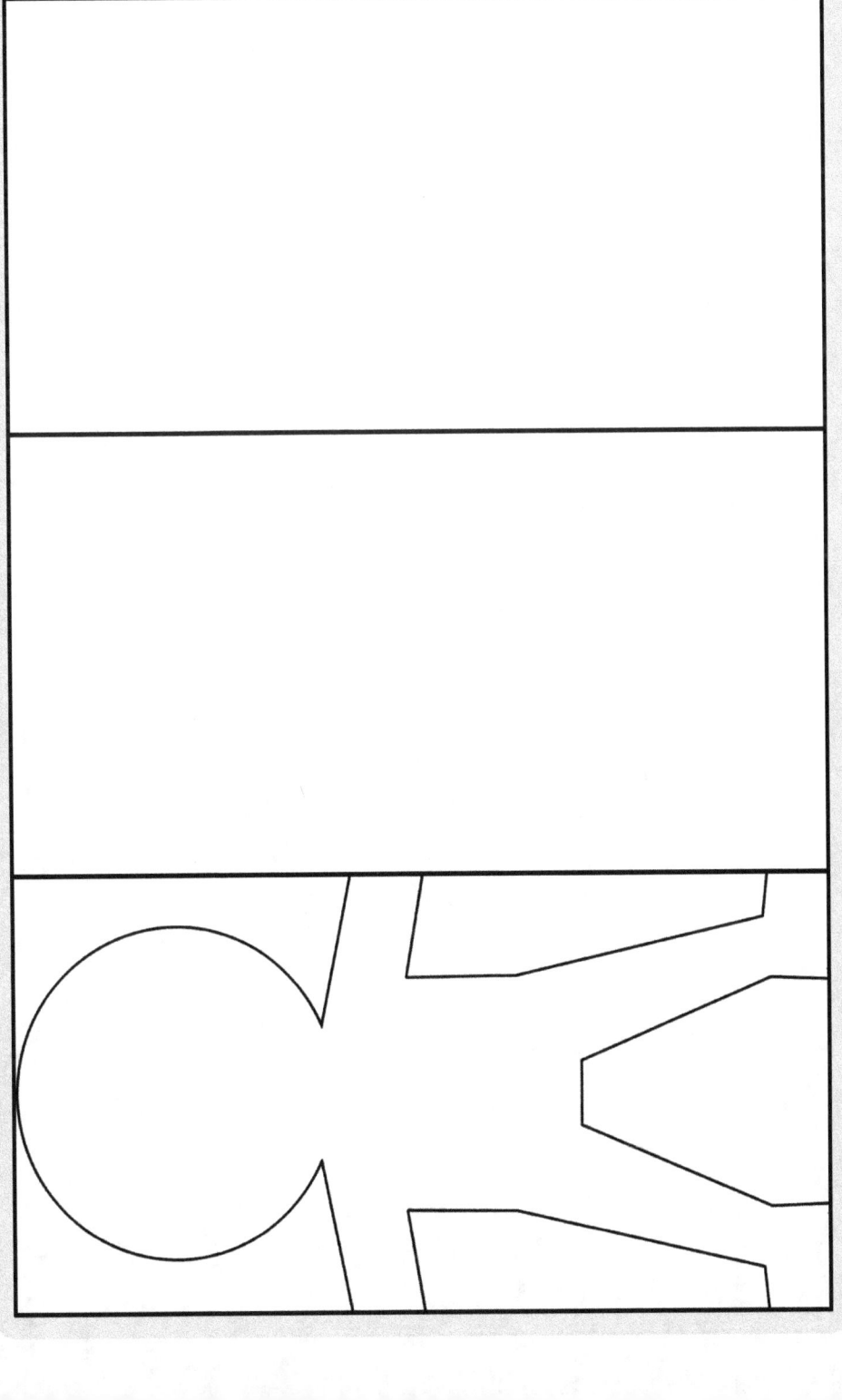

41

histoire **19**

42

histoire **19**

Un verset biblique

Entrez dans son temple en disant merci, dans ses cours en chantant sa louange.

(Psaume 100:4)

43

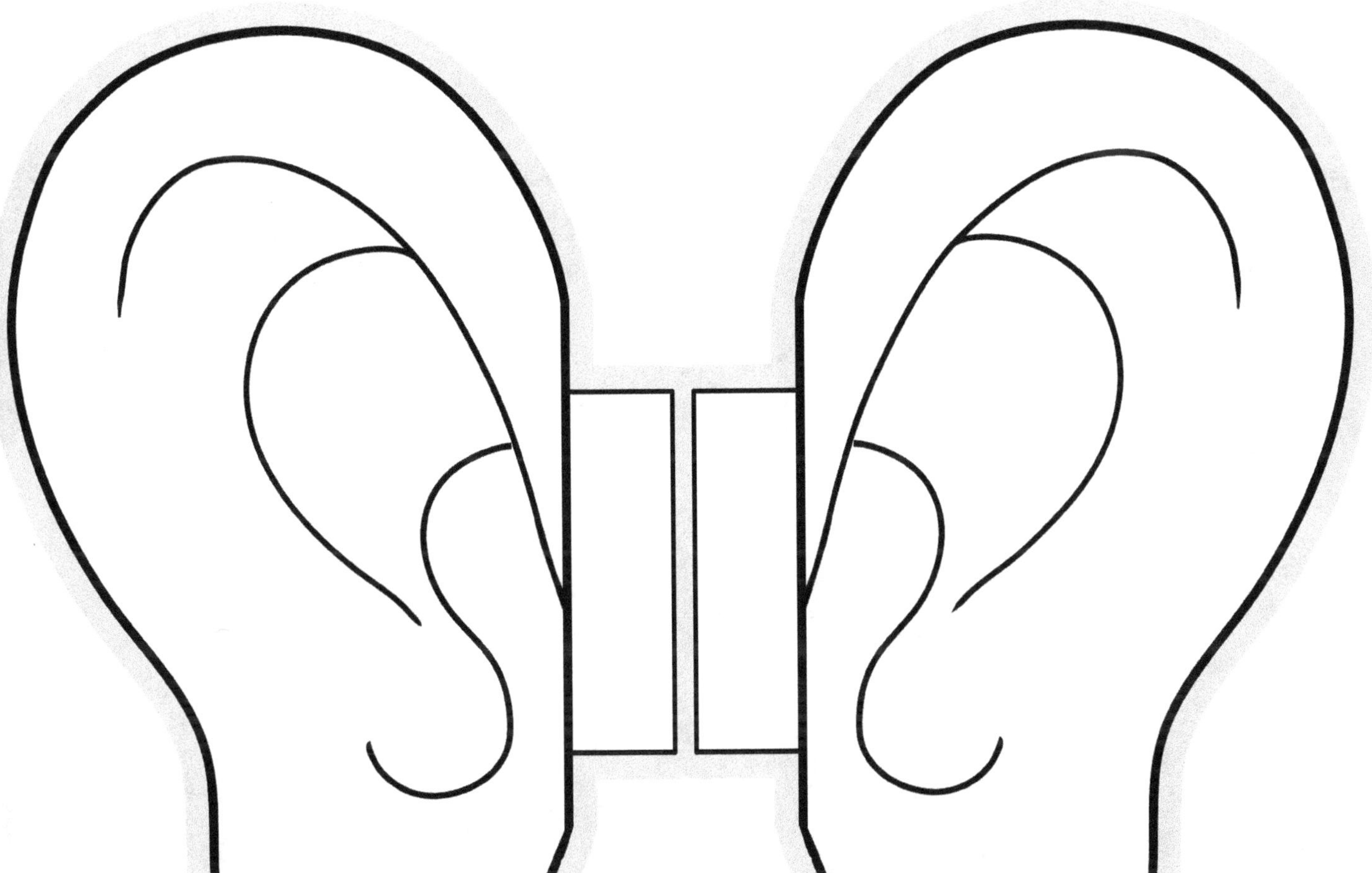

histoire **20**

Un verset biblique

J'écouterai ce que dit Dieu.

(Psaume 85:8a)

histoire 21

45

histoire 21

46

histoire **21**

Le Seigneur est mon berger.

Il me fait reposer dans de verts pâturages.

Il me conduit au bord des eaux calmes.

Il réconforte mon âme.

Il me conduit sur le bon chemin, à cause de son nom.

Même si je marche dans des vallées sombres...

...j'aurai confiance et je n'aurai pas peur.

...car le Seigneur est avec moi.

Son bâton de berger me protège.

histoire **21**

Un verset biblique

Quand tu peux le faire, fais du bien à celui qui a besoin d'aide.

(Proverbes 3.27)

Le Seigneur prépare un festin délicieux pour moi.

Il fait couler de l'huile sur ma tête.

Je déborde de toutes ses bénédictions.

La bonté et l'amour de Dieu sont un cadeau pour moi...

...et resteront avec moi tous les jours de ma vie.

J'habiterai dans la maison du Seigneur pour toujours.

histoire 21

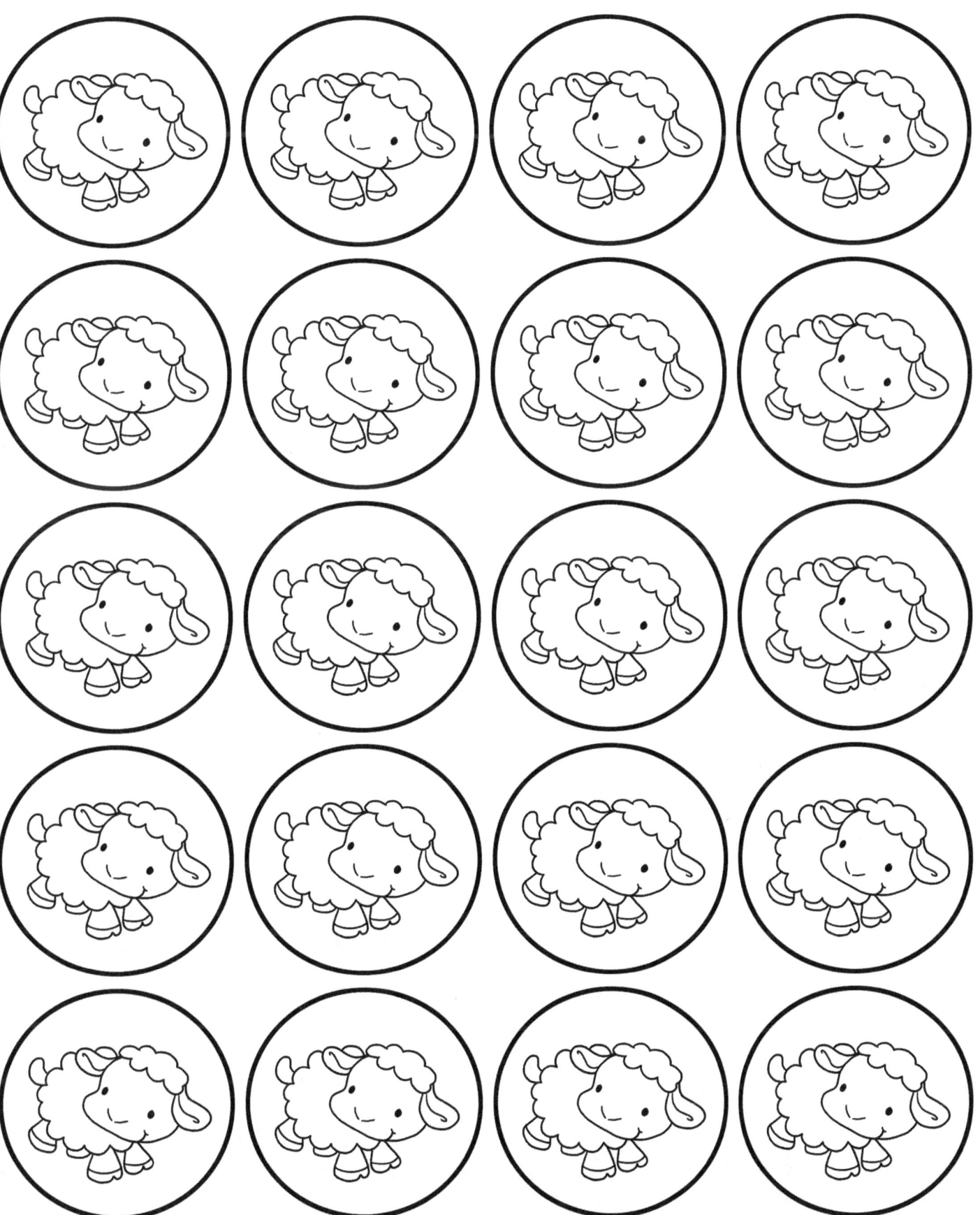

51

histoire 21

_____
Prénom

52

L'Éternel est mon berger, il me donne tout ce dont j'ai besoin.

Fabrique des habits et un bâton pour le berger, avec du papier de couleur ou du tissu. Laisse-toi guider par les pointillés pour les créer à partir de formes simples.

Il me conduit au bord des eaux calmes.

Colle du papier ou du tissu bleu sur l'eau. Ajoute du coton pour la fourrure en laine du mouton.

Il me donne des forces nouvelles et de l'énergie.

Colle plein de petits cœurs pour montrer tout l'amour du berger pour sa brebis. Colle un sparadrap sur la patte de la brebis pour qu'elle guérisse vite.

Il me conduit sur le bon chemin, à cause de son nom.

Repasse sur les lettres JÉSUS avec un feutre de couleur. Découpe des rochers dans du papier gris, selon la forme des pointillés. Écris dessus des choses que la Bible nous enseigne à faire puis colle-les au bon endroit.

Même si je traverse des moments sombres...

Dessine ou colle tout autour du dessin, des images de choses qui te font peur. Puis termine de dessiner les visages des enfants pour exprimer ce qu'ils ressentent.

...je n'aurai pas peur car il est toujours avec moi.

Découpe deux mains dans du papier coloré (tu peux également dessiner les contours de tes propres mains si tu préfères). Puis, colle-les autour de la petite fille pour montrer que les mains de Dieu la gardent en sécurité.

Son bâton de berger me protège.

Colle des petits bouts de papier ou de tissu bleu sur l'eau. Colle un bâtonnet ou une petite branche sur le bâton. Ajoute du coton pour la fourrure en laine du mouton.

Il prépare un festin délicieux pour moi.

Dessine ou découpe une photo de ta nourriture préférée dans un magazine et colle-la sur les assiettes ou sur le bol.

Il verse de l'huile sur ma tête et ma coupe déborde de joie.

Découpe une photo d'une bouteille d'huile et colle-la sur les contours de la bouteille. Découpe des petites gouttes dans du papier jaune pour illustrer l'huile.

Et j'habiterai dans la maison du Seigneur pour toujours.

Décore la maison de Dieu en te servant de papier coloré, de paillettes, d'autocollants en forme d'étoiles et ajoute tout ce dont tu as envie. Puis, colorie le dessin.

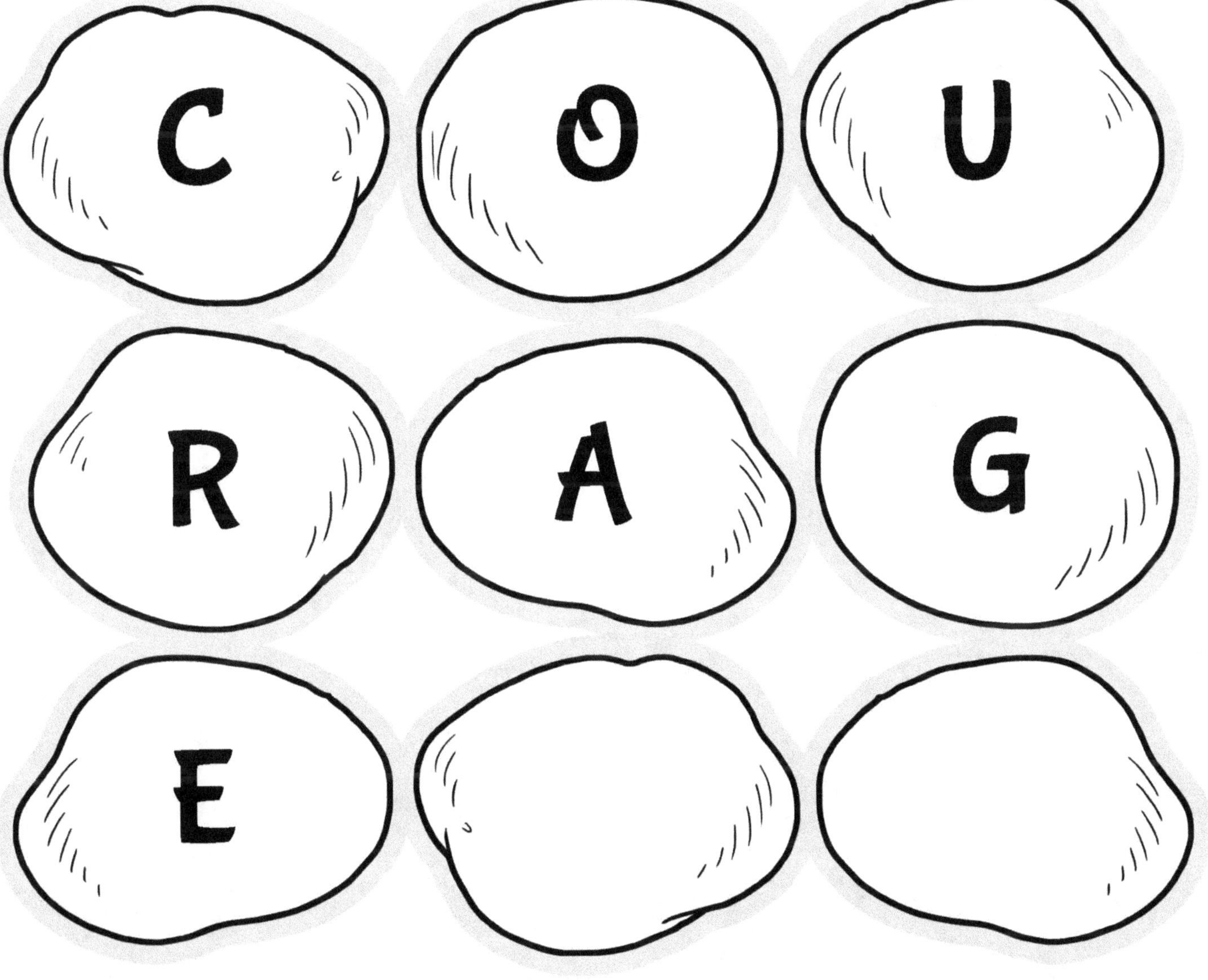

histoire **22**

C O U
R A G
E

Un verset biblique

Sois fort et courageux, n'aie pas peur, car Dieu marchera avec toi.

(Deutéronome 31:6)

histoire 22

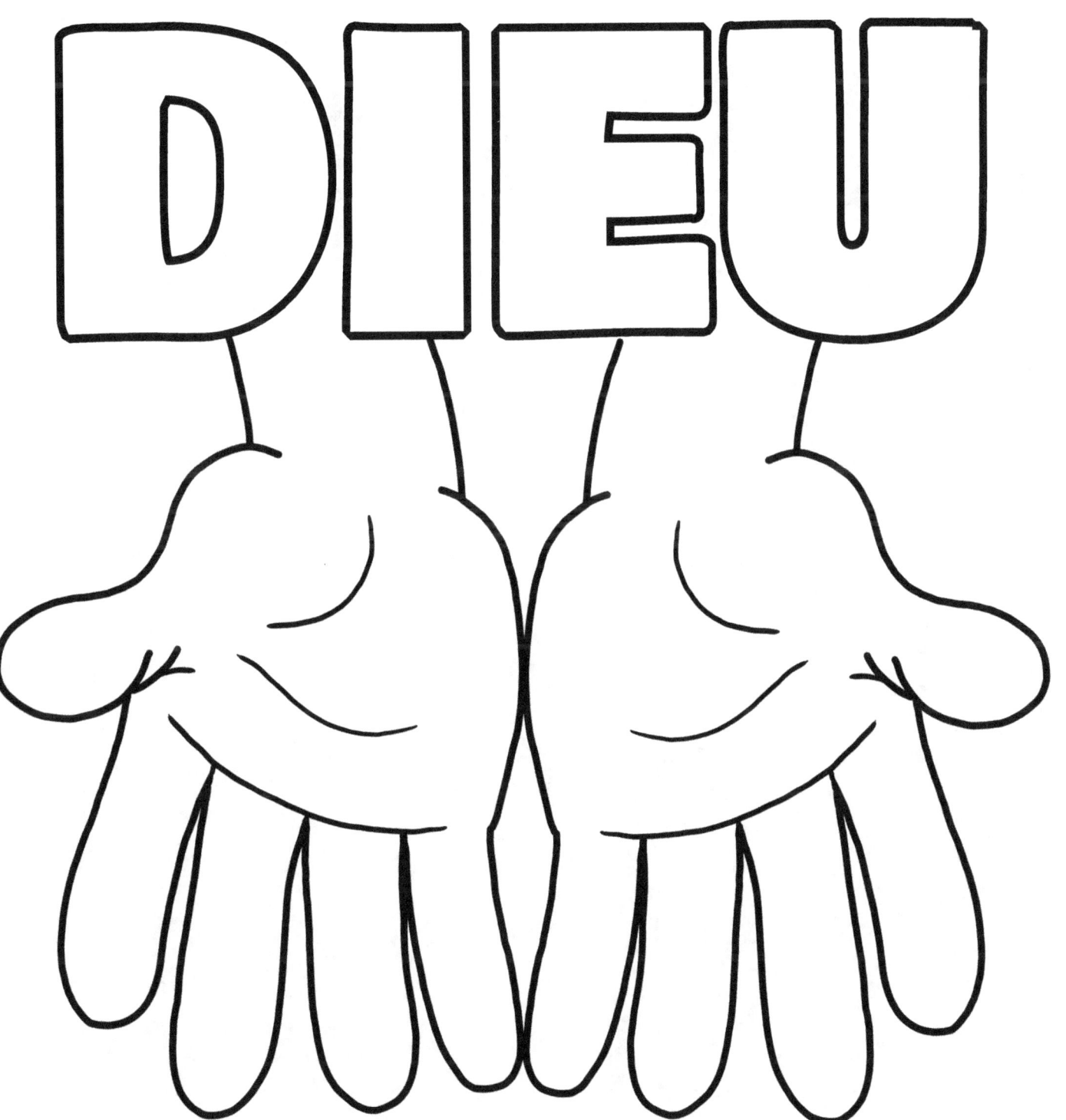

applaudis

saute de joie

saute de joie

mets-toi à genou pour prier

lève les mains pour le louer

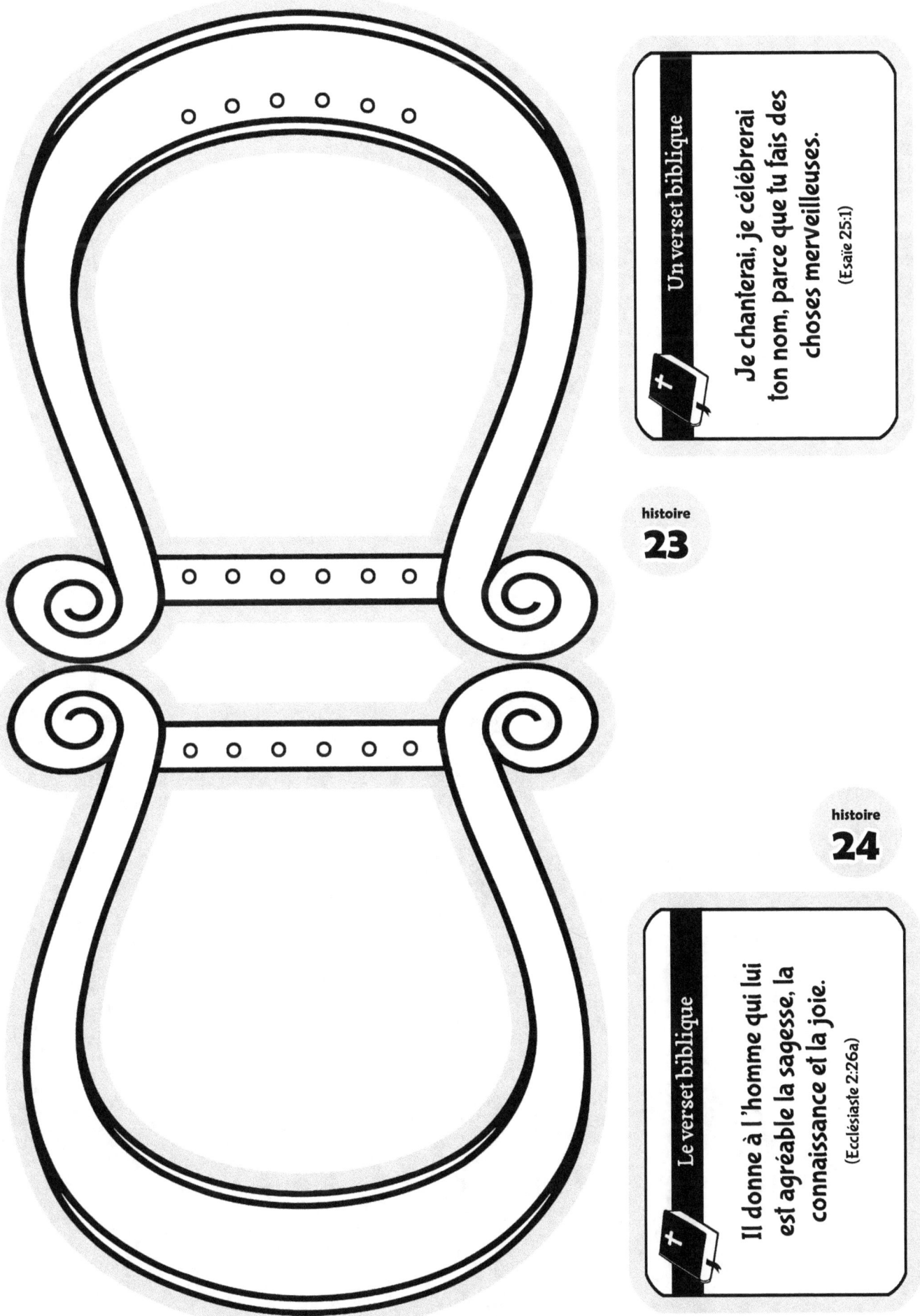

histoire **23**

72

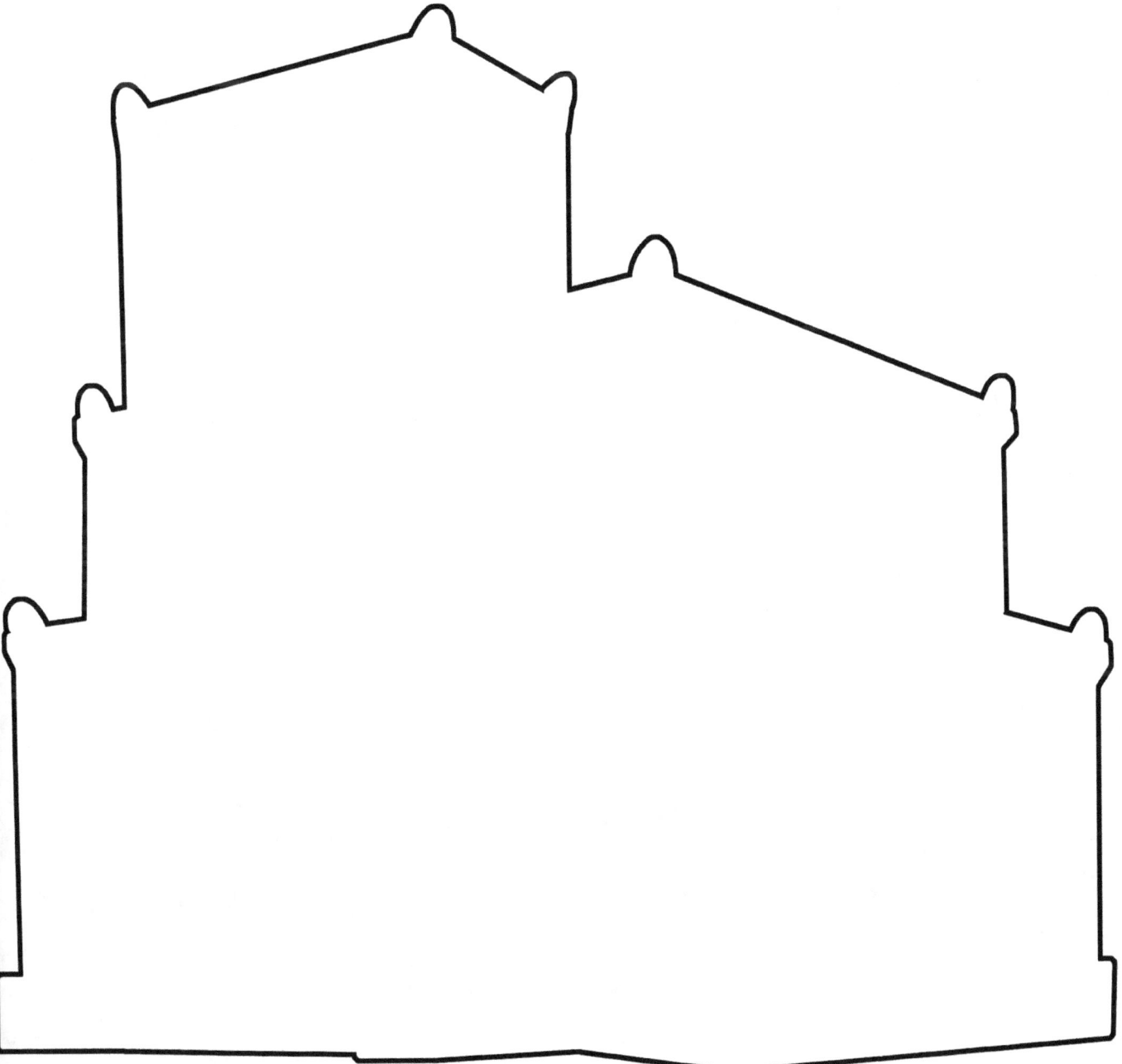

Un temple pour Dieu

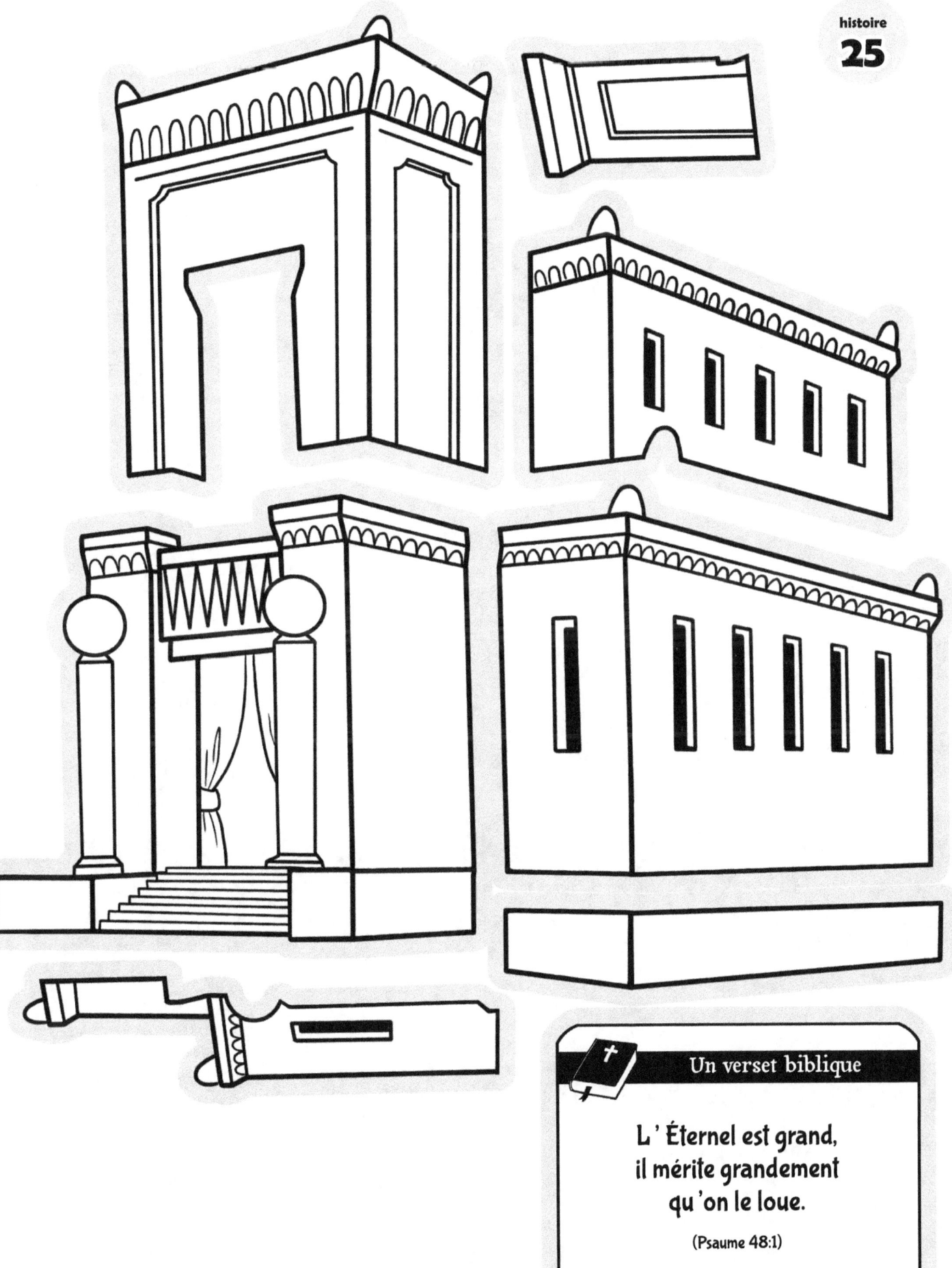

histoire 25

Un verset biblique

L'Éternel est grand,
il mérite grandement
qu'on le loue.

(Psaume 48:1)

 **Un verset biblique**

Si vous avez assez d'endurance pour finir ce que vous avez commencé, vous pourrez recevoir les bénédictions de Dieu.

(Hébreux 10:36)

histoire
26

 **Un verset biblique**

Ne pensez pas seulement à vos propres besoins, pensez également à ceux des autres.

(Philippiens 2:4)

histoire
27

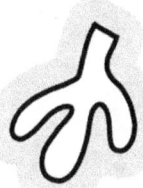
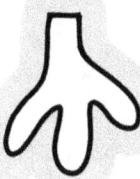
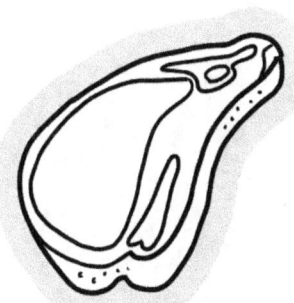

histoire **27**

Ne pensez pas seulement à vos propres besoins, pensez également à ceux des autres.
(Philippiens 2:4)

Je pense aux autres

histoire **28**

Un verset biblique

Que tes yeux regardent en face. Que tes regards se dirigent droit devant toi pour faire ce qui est bien.

(Proverbes 4:25)

Que tes yeux regardent en face. Que tes regards se dirigent droit devant toi pour faire ce qui est bien. (Proverbes 4:25)

Un verset biblique

Deux valent mieux qu'un.
Ils peuvent s'aider dans
tout ce qu'ils font.

(Ecclésiaste 4:9a)

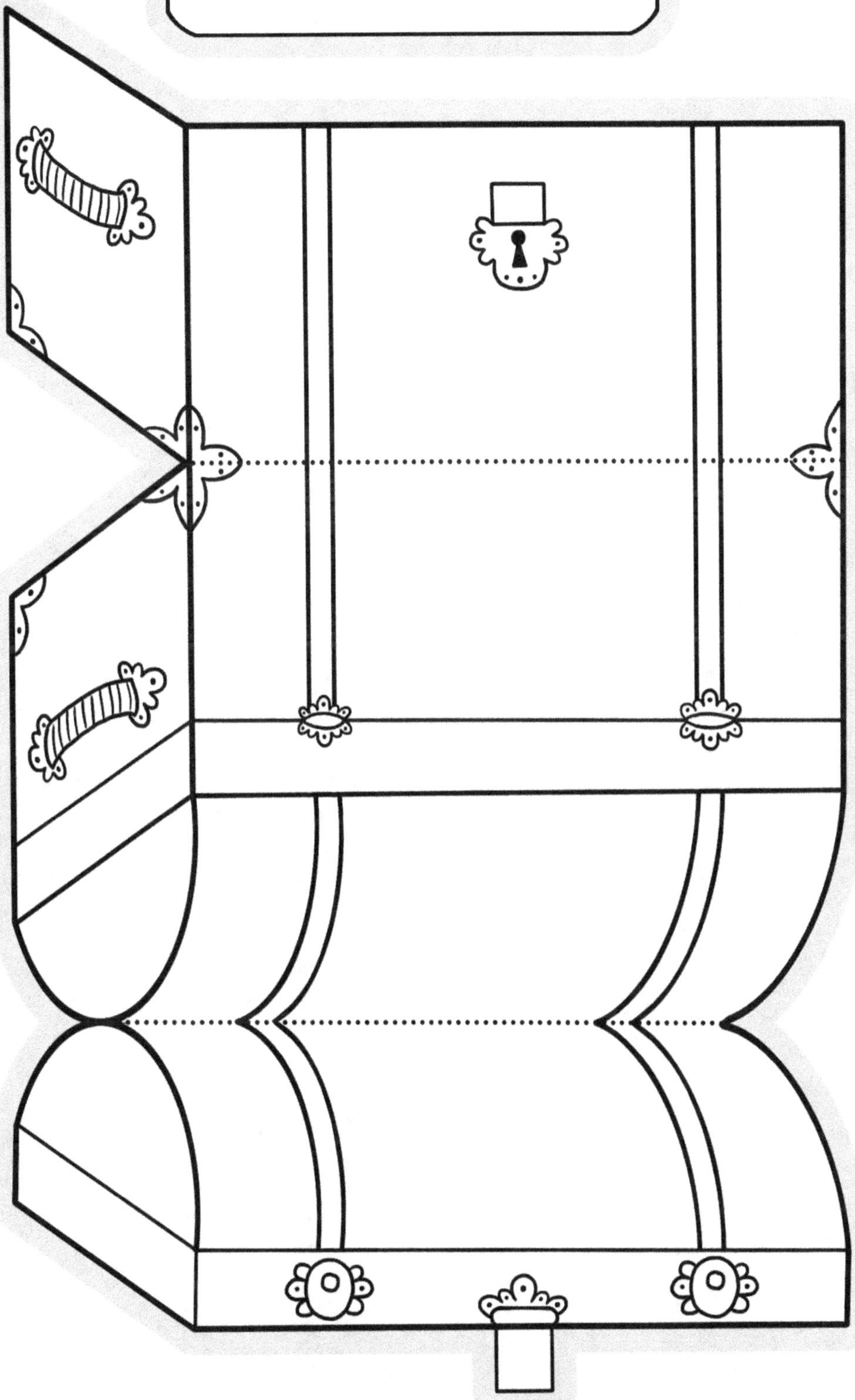

histoire
29

histoire
29

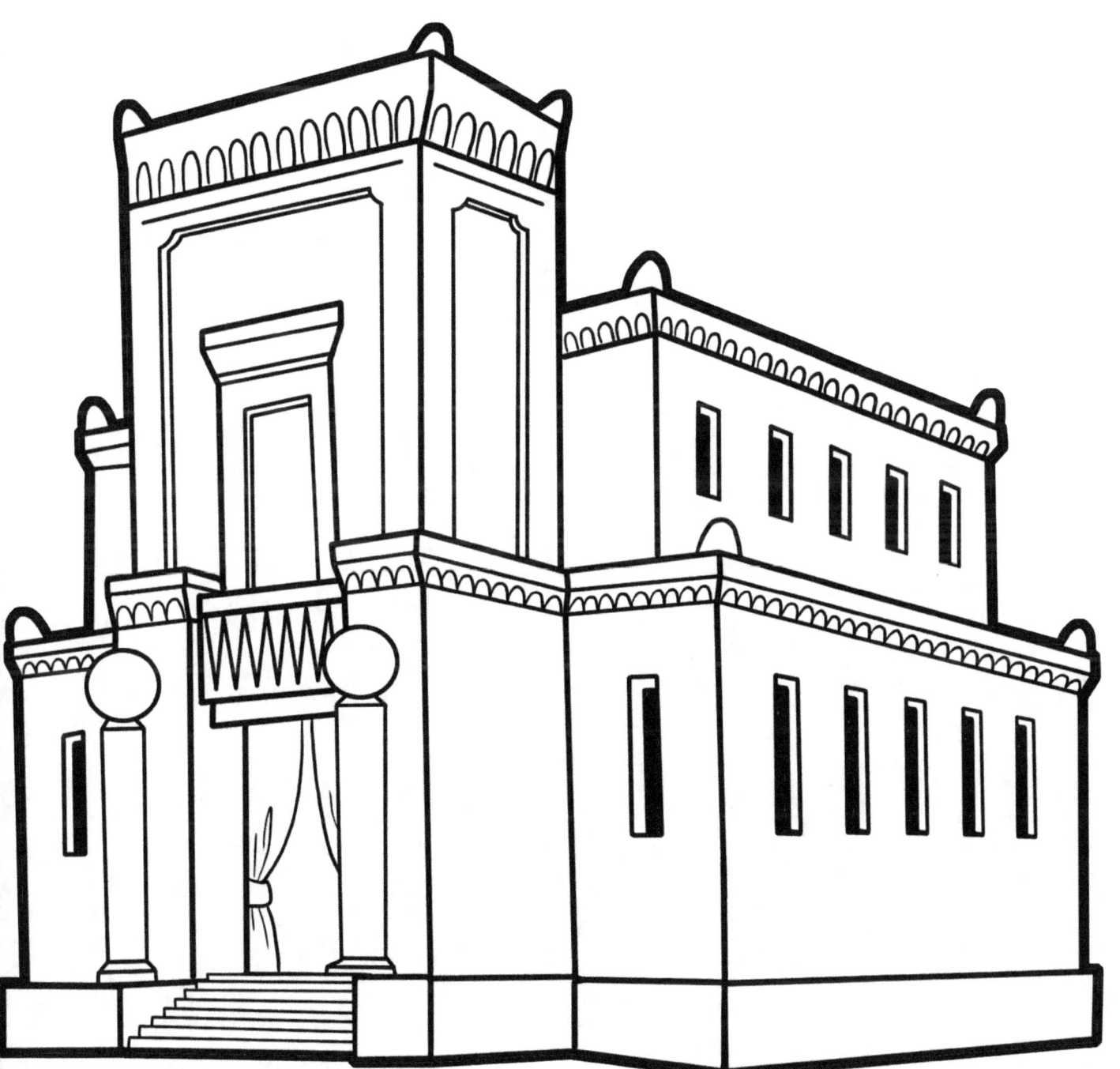

81

histoire **30**

Nous avons redoublé de courage. (Philippiens 1:14a)

Un verset biblique

Nous avons redoublé de courage pour annoncer la Parole de Dieu sans peur.

(Philippiens 1:14)

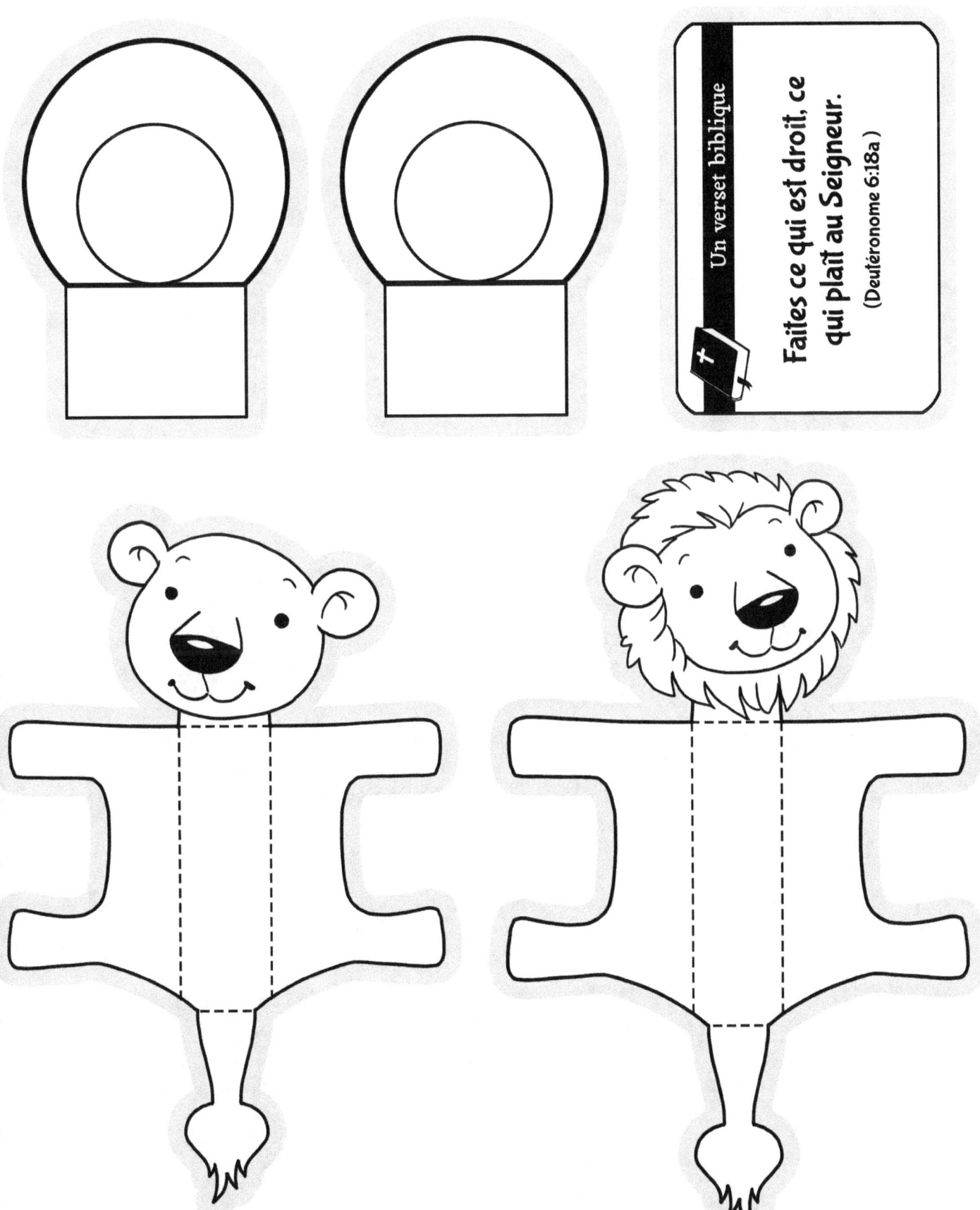

histoire **32**

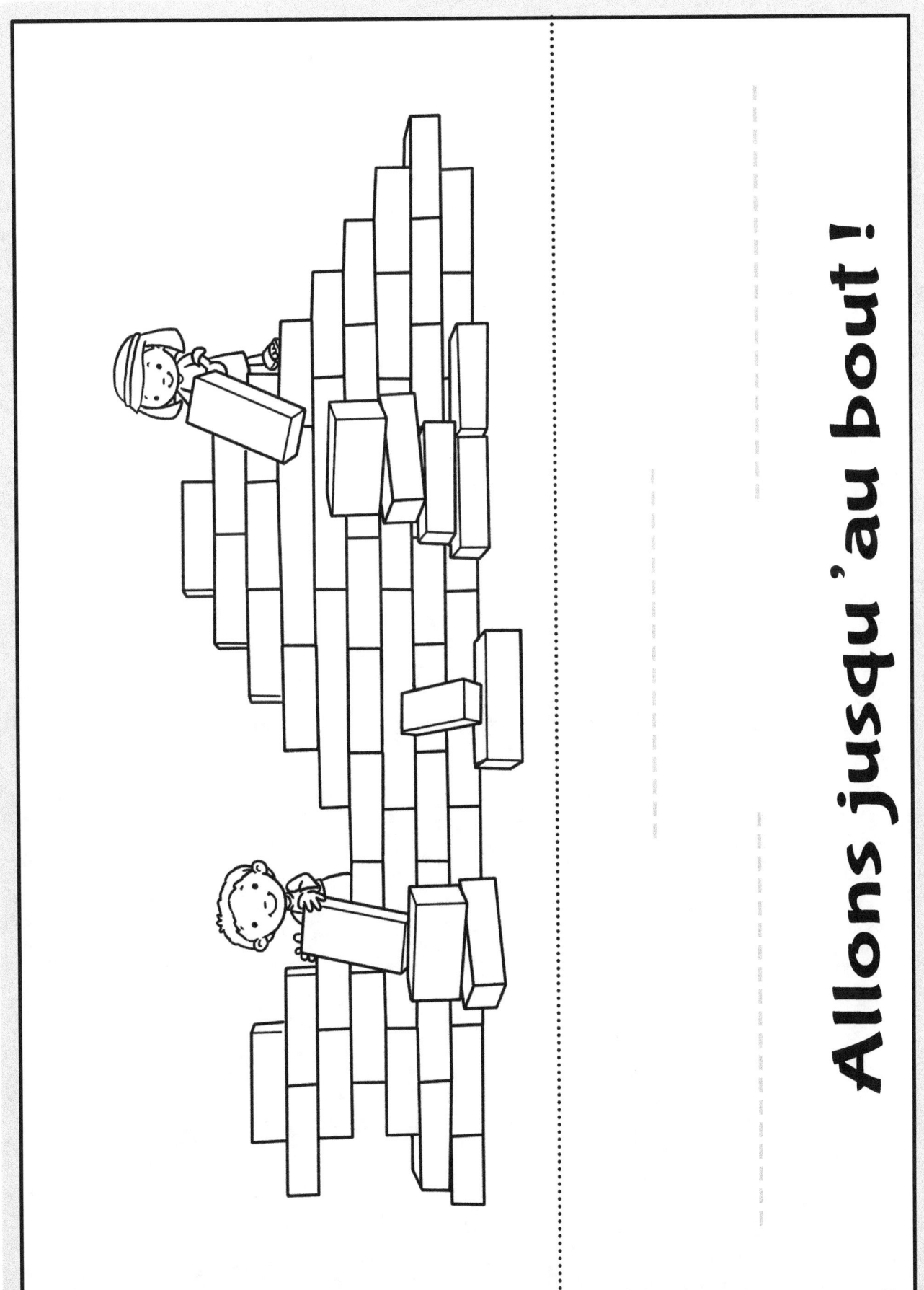

Allons jusqu'au bout !

histoire **32**

> **Un verset biblique**
>
> Si nous allons jusqu'au bout, nous récolterons quand le moment sera venu.
>
> (Galates 6:9b)

86

Un verset biblique

Je désire faire ta volonté, mon Dieu, parce que tes paroles sont dans mon cœur.
(Psaume 40:8)

histoire **34**

histoire **35**

mettez de la colle ici

mettez de la colle ici

mettez de la colle ici

91

histoire **35**

Un verset biblique

Dieu a tant aimé le monde qu'Il a donné son Fils unique.

(Jean 3:16a)

92

histoire **36**

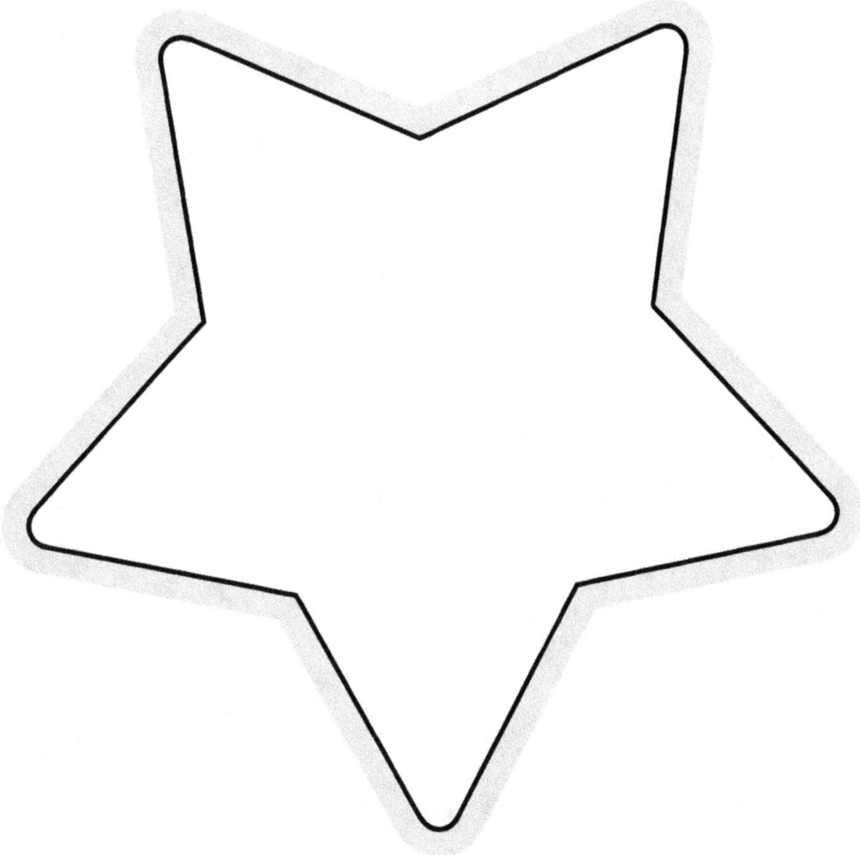

Un verset biblique

Ce qu'on apprend
dans la Parole de Dieu
illumine l'esprit.

(Psaume 119:130)

histoire
37

histoire
36

Un verset biblique

Je te louerai, mon Dieu et
mon Roi. Je bénirai ton nom
pour toujours.

(Psaume 145:1)

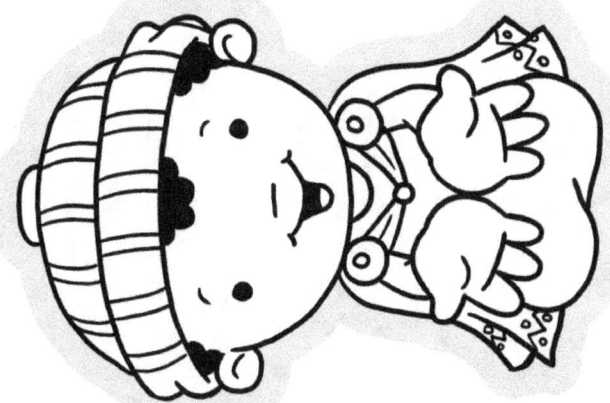

histoire **37**

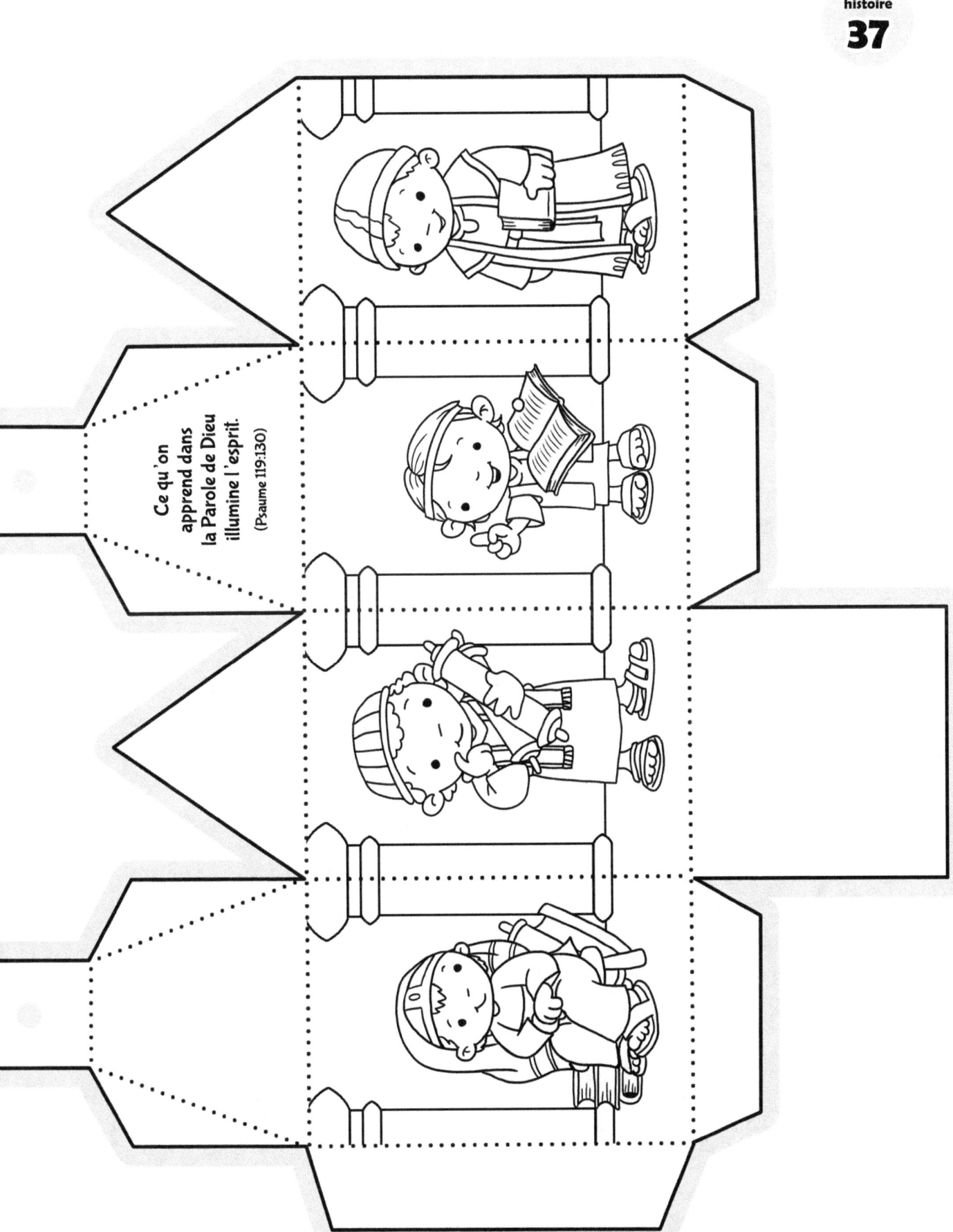

histoire
38

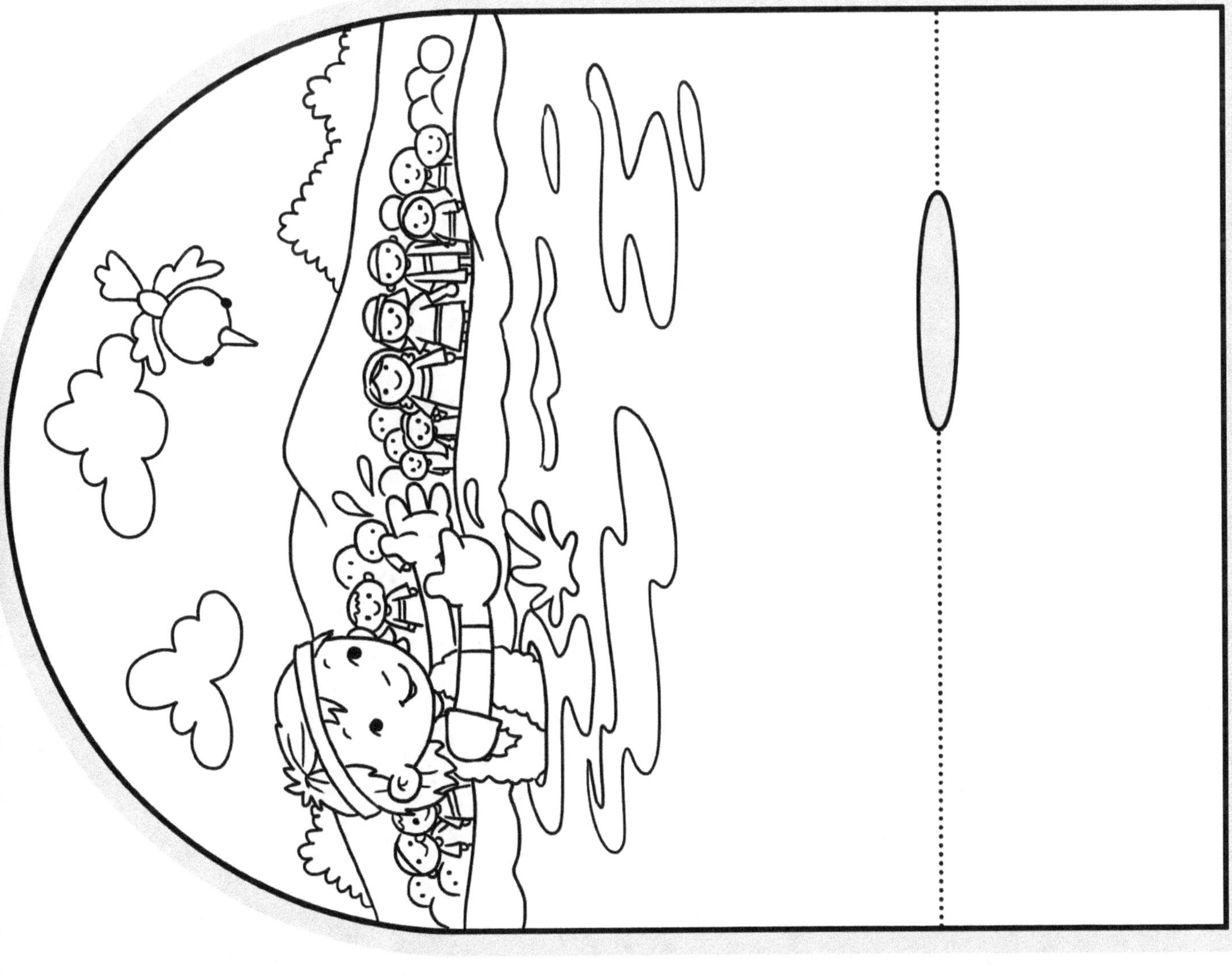

96

Un verset biblique

Annoncez la Parole de Dieu avec toute hardiesse.

(Actes 4:29)

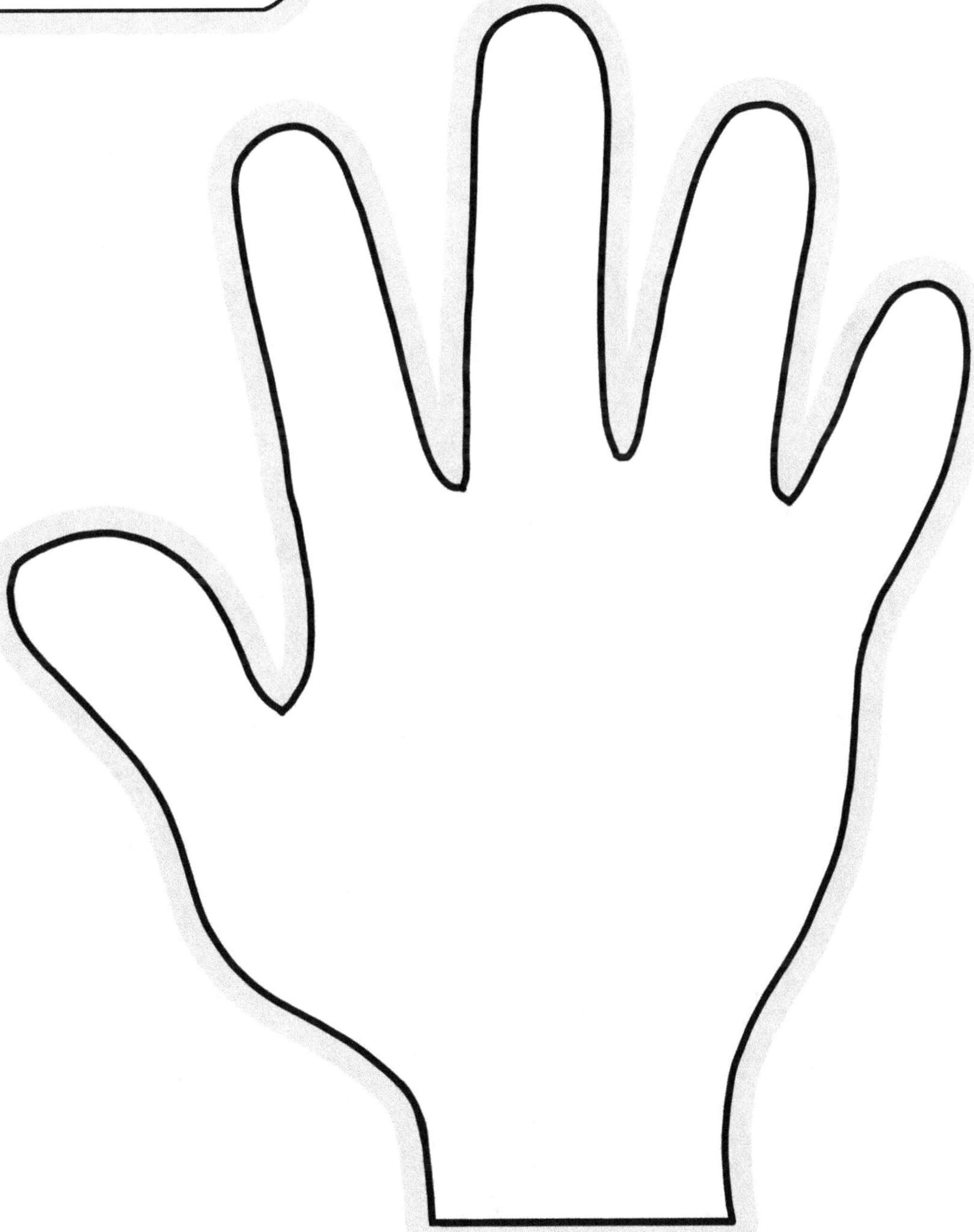

histoire 39

- SIMON
- THADDÉE
- ANDRÉ
- MATTHIEU
- PHILIPPE
- THOMAS
- PIERRE
- JEAN
- BARTHÉLEMY
- JACQUES
- JUDAS
- JACQUES

Un verset biblique

Jésus vous a laissé un exemple, pour que vous suiviez ses traces.

(1 Pierre 2.21b)

histoire **39**

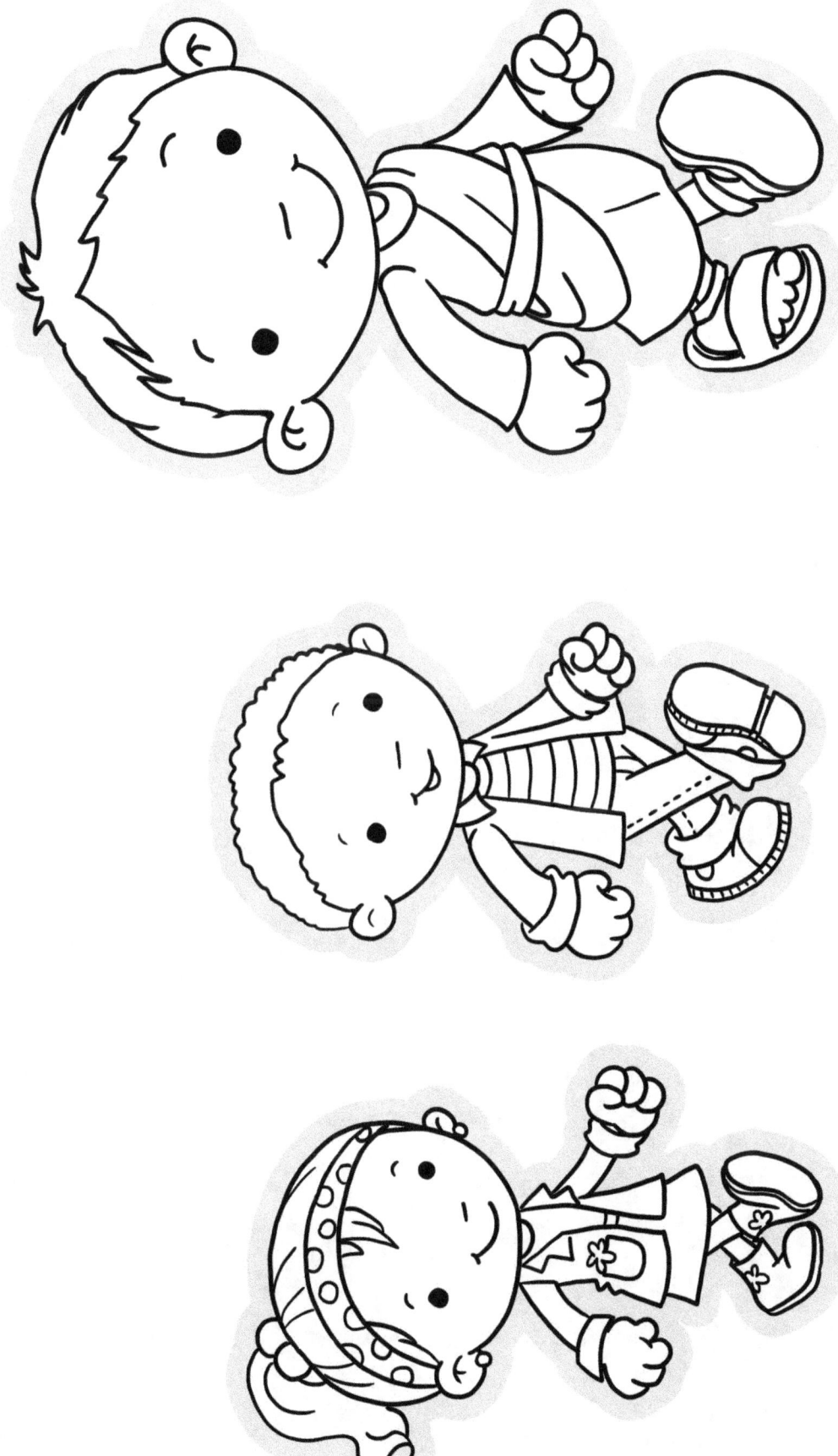

99

histoire **40**

Jésus aime tous les enfants du monde.

Un verset biblique

L'amour est patient.
L'amour est bon.

(1 Corinthiens 13:4)

histoire
40

histoire **41**

Un verset biblique

Un cœur joyeux rend le visage heureux.

(Proverbes 15:13)

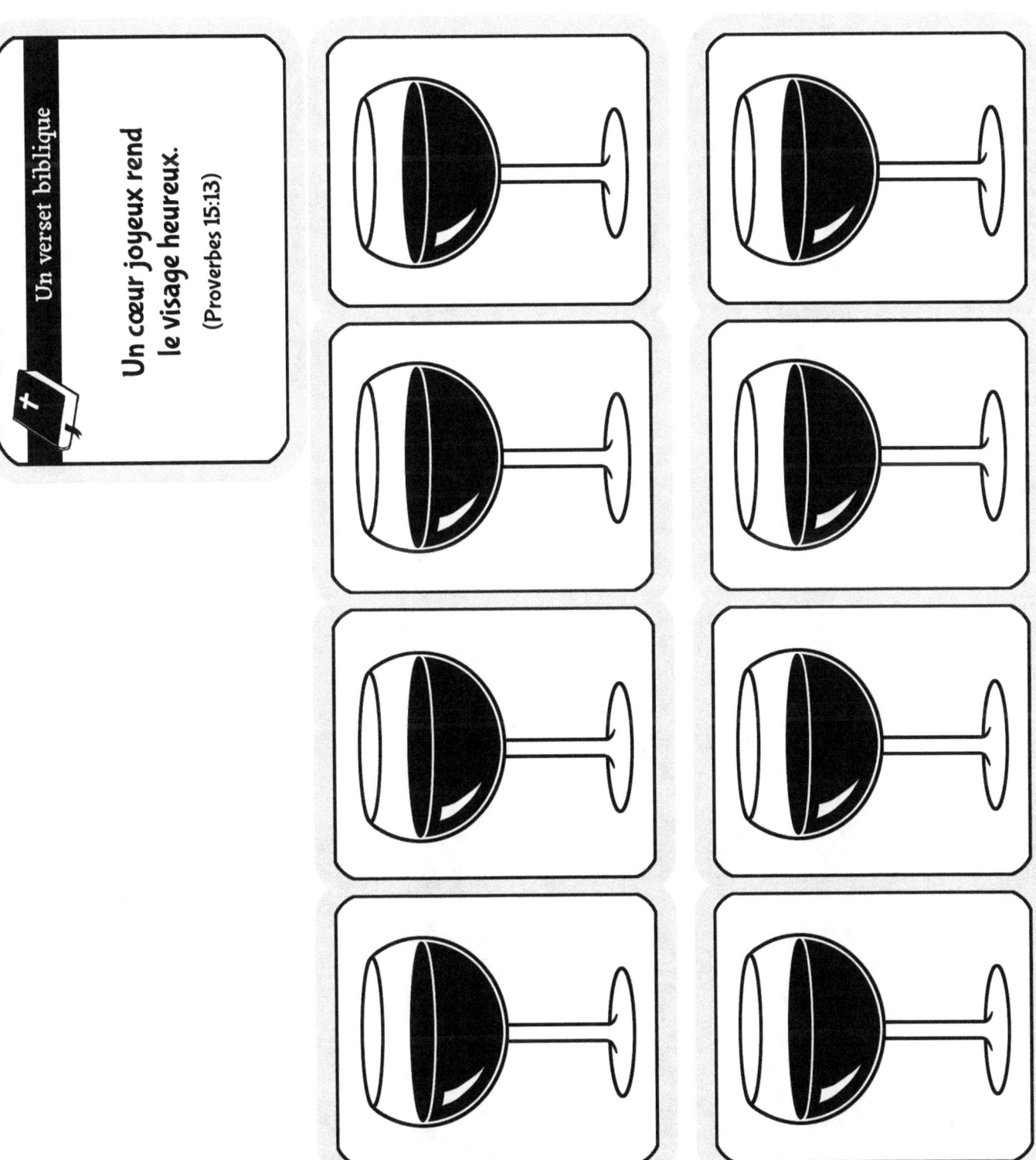

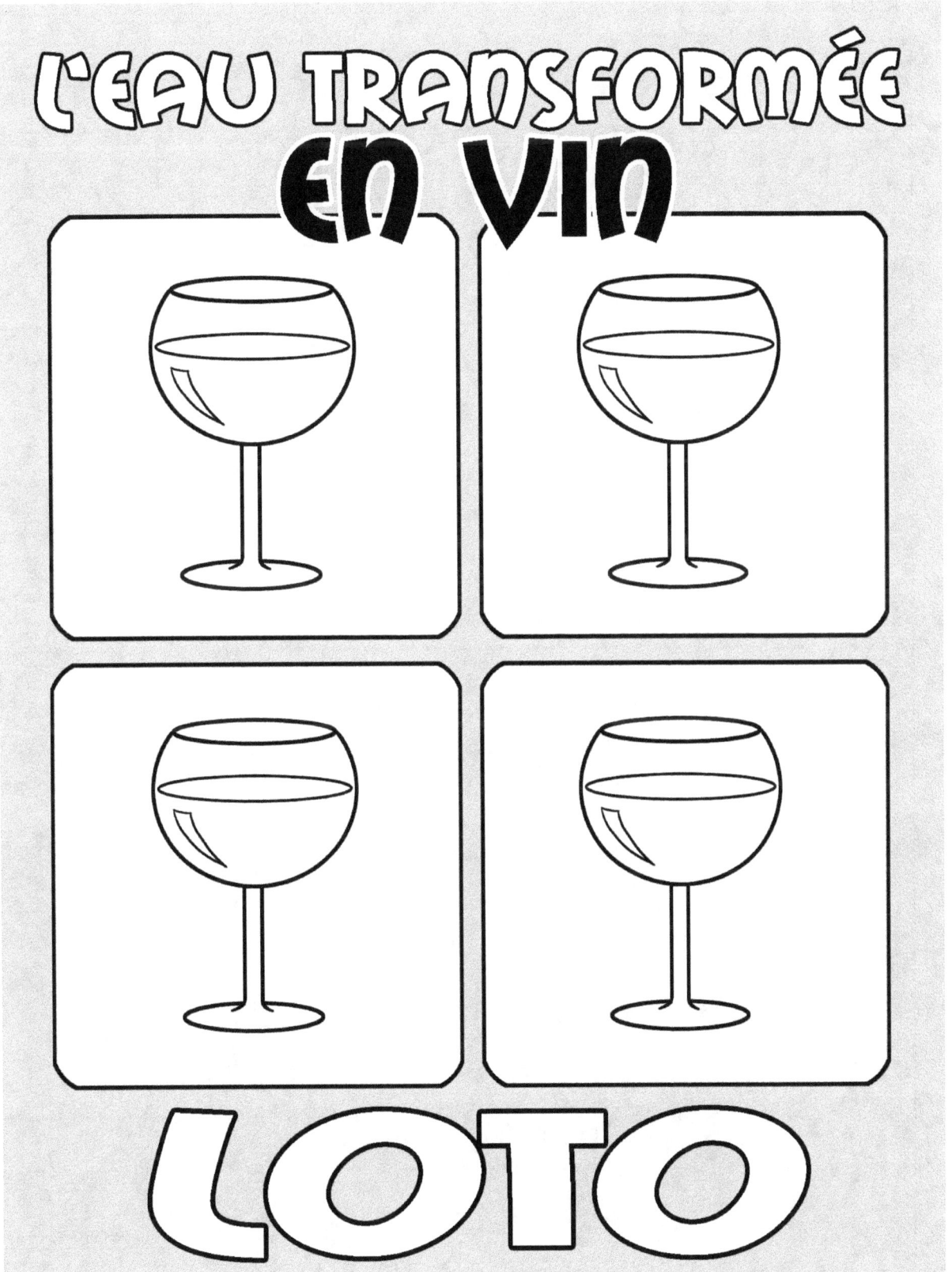

histoire 41

Mais nous n'avons plus de vin !
Nous ne pouvons pas faire la fête sans avoir de quoi boire.
Qu'allons-nous faire ? C'est terrible !
Jésus saura quoi faire.
Faisons ce que Jésus nous dit de faire.
Jésus aura une solution pour nous.
Comment pouvons-nous donc remplir les jarres juste avec de l'eau ?
Le maître de cérémonie acceptera-t-il de boire de l'eau ?
Si Jésus me demande de le faire, je le ferai avec joie.
C'est passionnant ! Je me demande ce que Jésus va faire.
Wouah, Jésus a fait un miracle !
Nous avons maintenant le meilleur vin de tous les temps !

histoire 42

- Jésus a un air paisible. **Avance de 3 cases.**
- Jésus ordonne à la tempête de se calmer. **Avance de 4 cases.**
- Les disciples se sentent en sécurité avec Jésus. **Avance de 3 cases.**
- Jésus s'endort au milieu de la tempête. **Recule de 2 cases.**
- Jésus étend les bras. **Avance de 2 cases.**
- Jésus a un doux sourire sur son visage. **Avance d'une case.**
- La barque a failli se renverser. **Recule de 3 cases.**
- Les disciples crient à l'aide. Ils ont peur. **Recule de 3 cases.**
- Jésus demande : « Pourquoi avez-vous douté ? » **Recule d'une case.**

histoire **42**

Nuage de pluie au-dessus de leurs têtes ! Il pleut des cordes. **Recule de 2 cases.**

Le vent s'abat sur les voiles et les brise. **Passe un tour.**

Une grande vague s'abat sur le bateau. **Recule d'une case.**

Les disciples sentent quelques gouttes de pluie. **Recule de 4 cases.**

Gros nuage noir à l'horizon. **Recule de 2 cases.**

Le vent est bon et fait gagner du temps. **Avance de 2 cases.**

Bonne nouvelle, le ciel est bleu ! **Avance de 2 cases.**

Pierre a oublié son filet de pêche. **Passe ton tour.**

Bonne visibilité pour la promenade en bateau. **Avance de 3 cases.**

		histoire **42**
Tu as perdu ta chaussure et tu ne la retrouves pas. Tu vas être en retard à l'école.	Ton grand frère ou ta grande sœur est trop occupé(e) pour jouer avec toi.	Tes amis vont partir en vacances mais pas toi.
Tu as l'impression que ton frère ou ta sœur peut décider ce qu'il ou elle veut, mais pas toi.	Ça fait des jours qu'il pleut dehors et tu t'ennuies à la maison.	Tu n'as pas tous les jouets que tu aimerais avoir.
Tu as regardé un film qui faisait peur chez un copain / une copine.	Ton papa ou ta maman doit partir en voyage pour le travail.	Tu aimerais jouer mais tu dois d'abord terminer tes devoirs.
Les plans ont changé et tu ne pourras plus aller voir ton copain / ta copine.	Ton meilleur copain ou ta meilleure copine joue avec d'autres enfants plutôt qu'avec toi.	Tu voudrais aller à la foire mais ton frère préfère aller au parc.

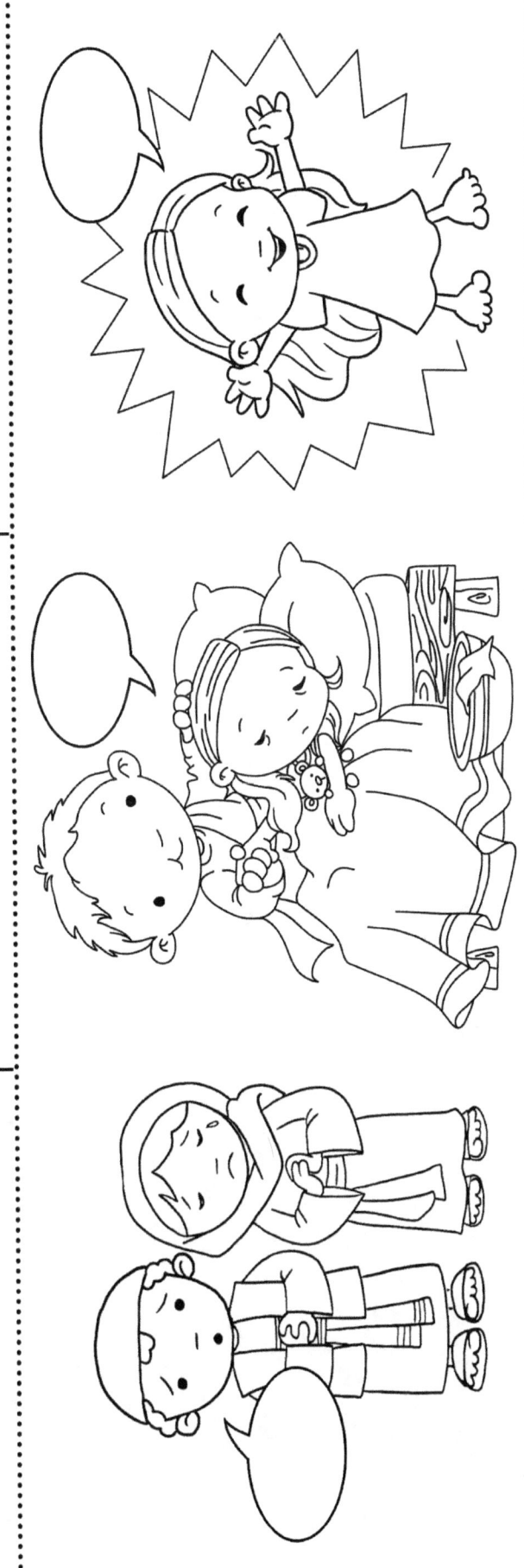

histoire **45**

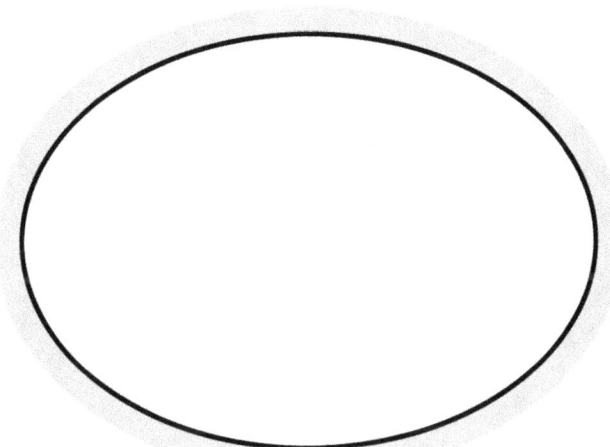

histoire **43**

Un verset biblique

N'aimons pas seulement en paroles ou avec de beaux discours, mais en actions et en vérité.

(1 Jean 3:18)

Un verset biblique

Une prière pleine de foi sauvera le malade.

(Jacques 5:15)

histoire **46**

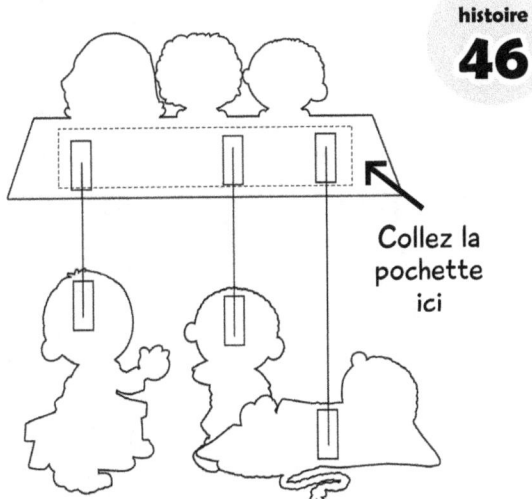

Collez la pochette ici

Un verset biblique

Un véritable ami est plus loyal qu'un frère.

(Proverbes 18:24)

113

histoire **46**

Un véritable ami est plus loyal qu'un frère.
(Proverbes 18:24)

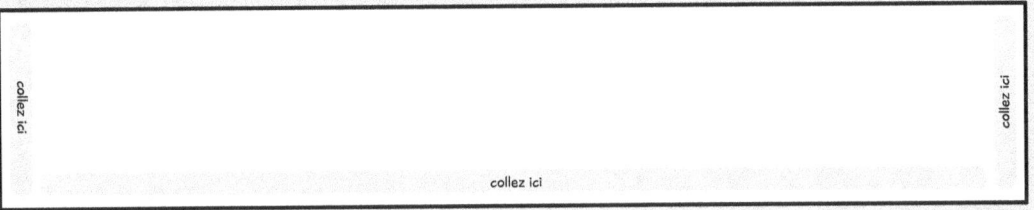

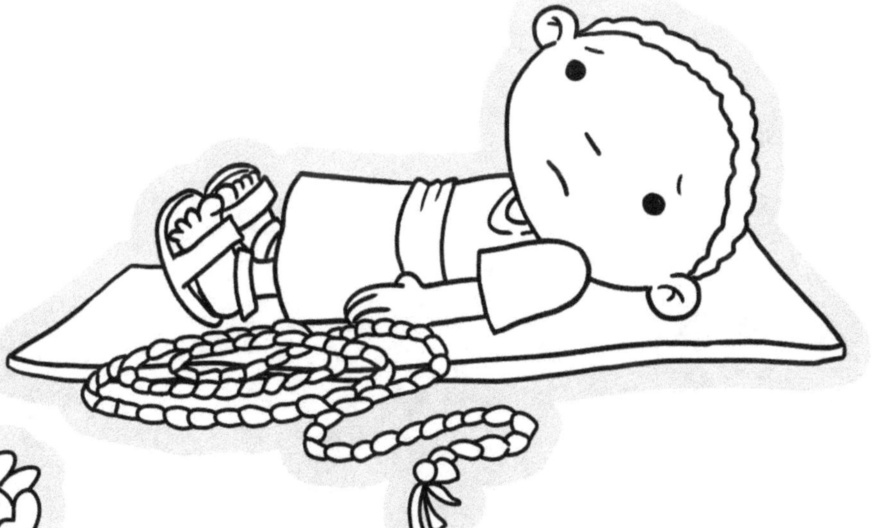

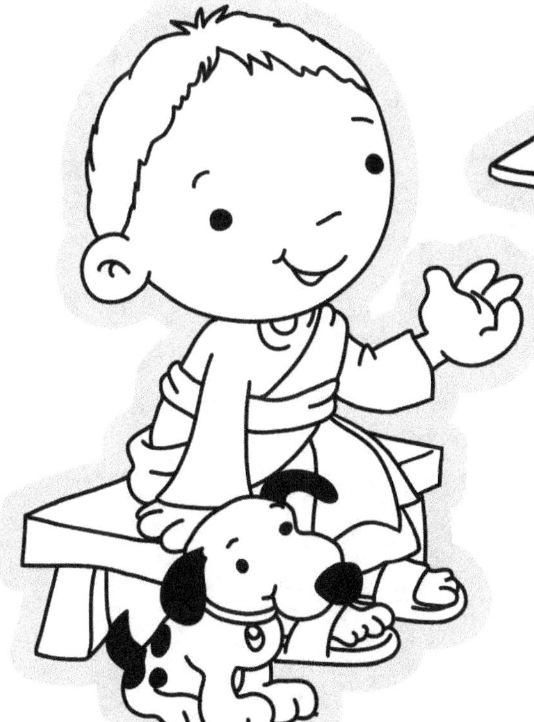

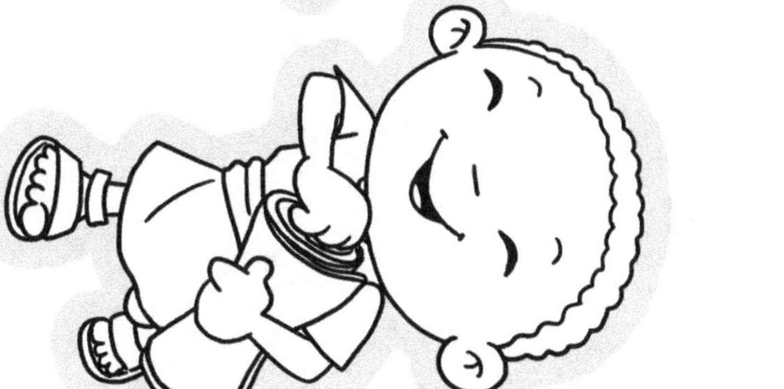

Sauter de joie

Marcher

Louer

Être couché

histoire **47**

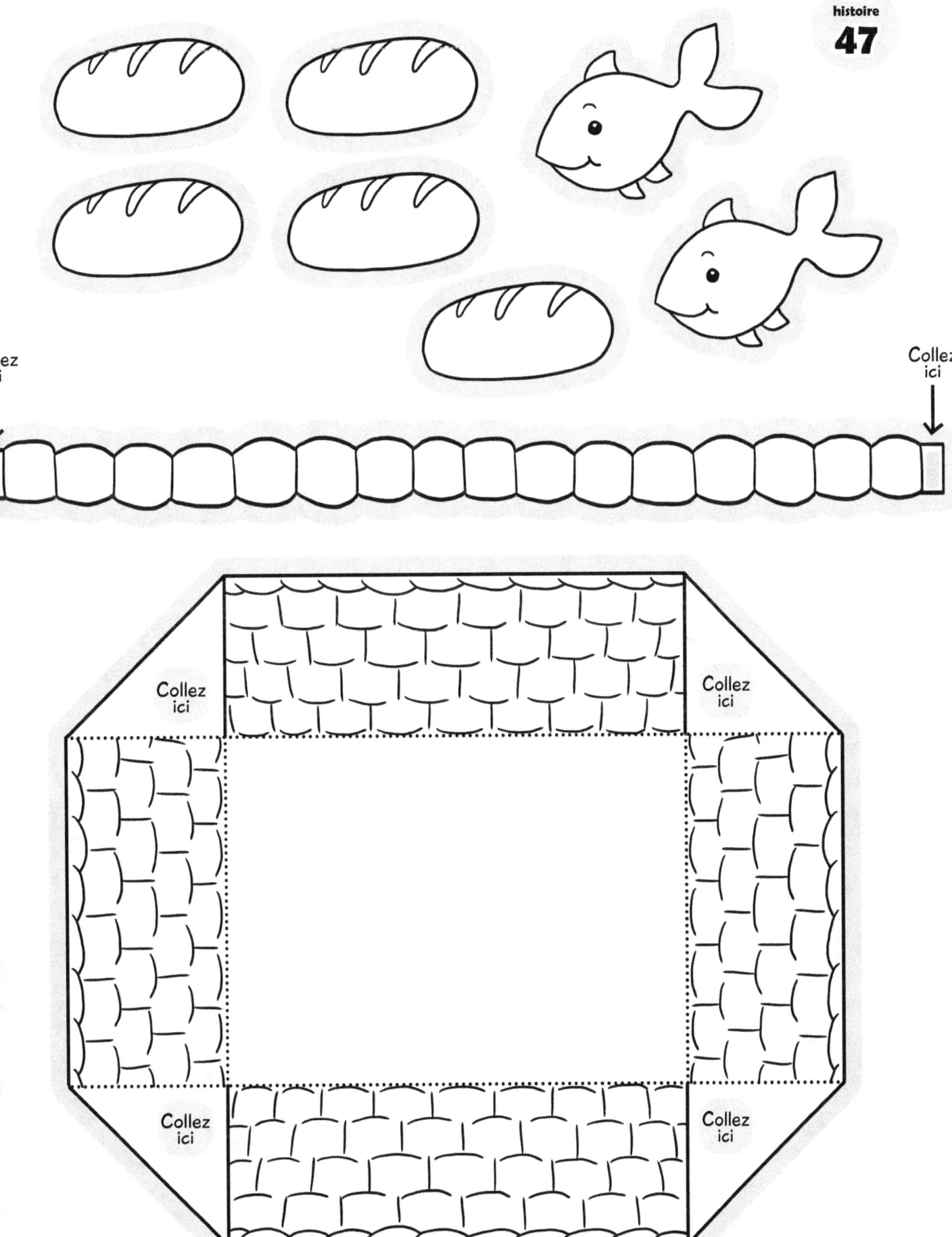

116

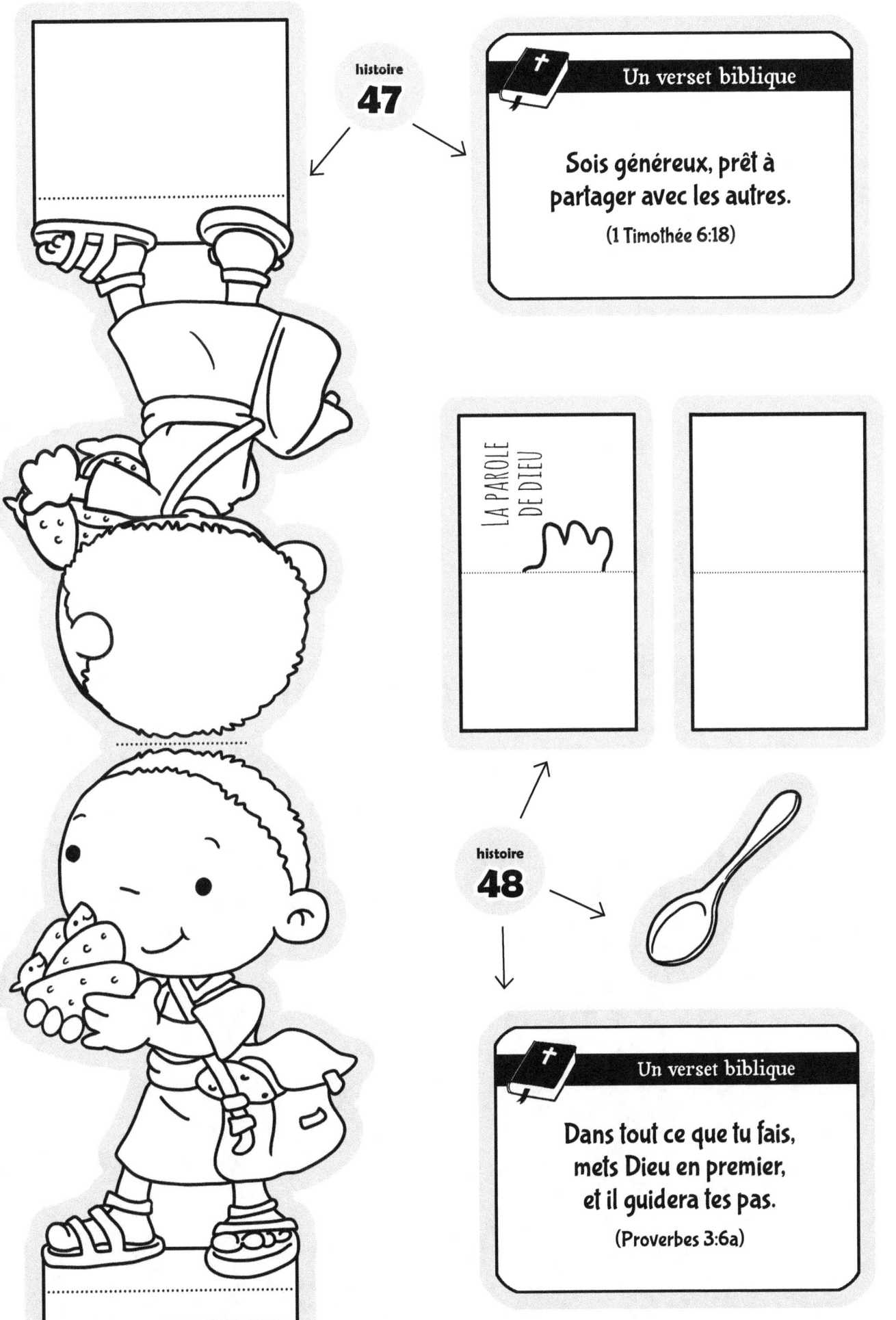

histoire **47**

Un verset biblique

Sois généreux, prêt à partager avec les autres.

(1 Timothée 6:18)

LA PAROLE DE DIEU

histoire **48**

Un verset biblique

Dans tout ce que tu fais, mets Dieu en premier, et il guidera tes pas.

(Proverbes 3:6a)

117

Un verset biblique

Dieu est miséricordieux et compatissant, riche en bonté et fidélité.

(Psaume 86:15)

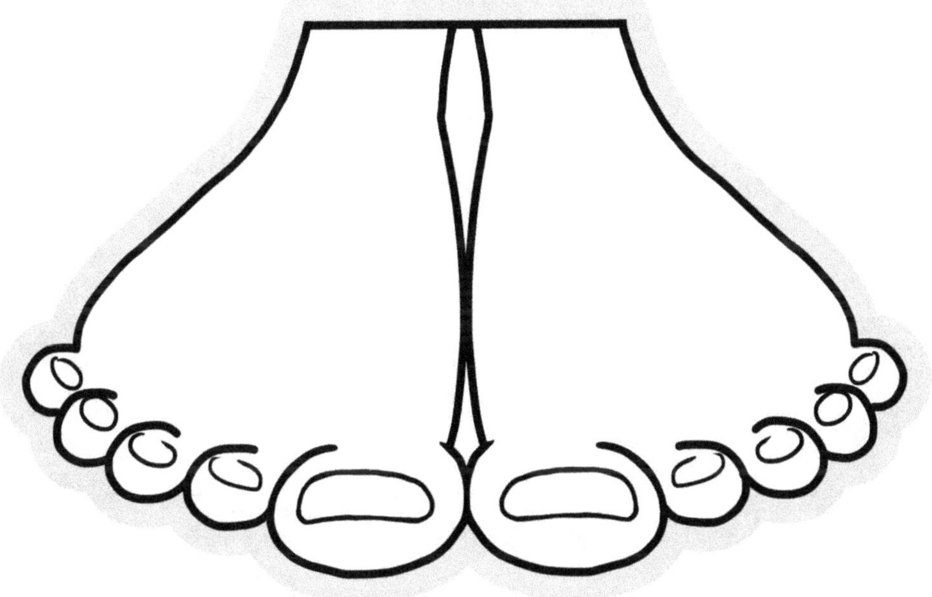

histoire **49**

histoire
49

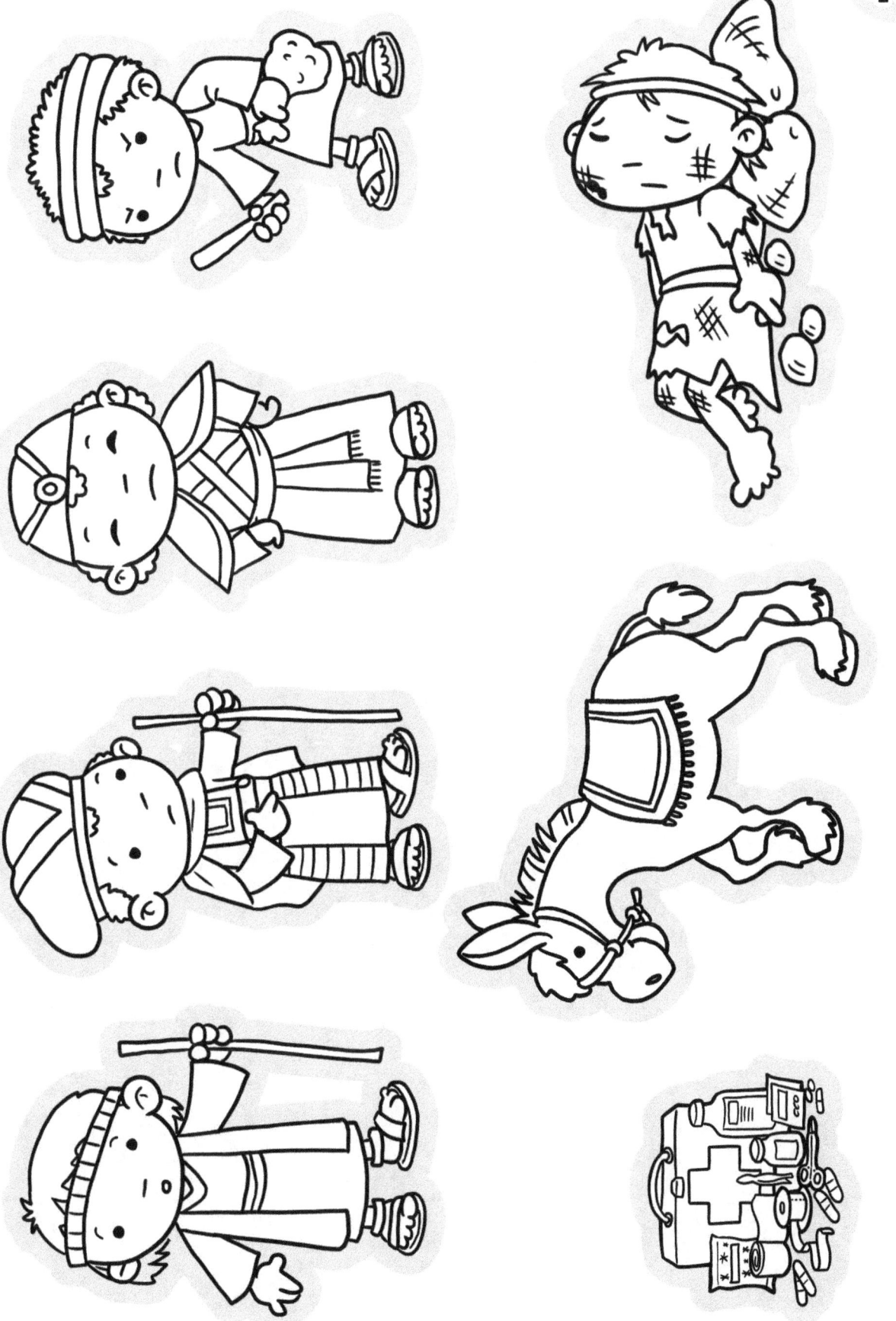

120

histoire **50**

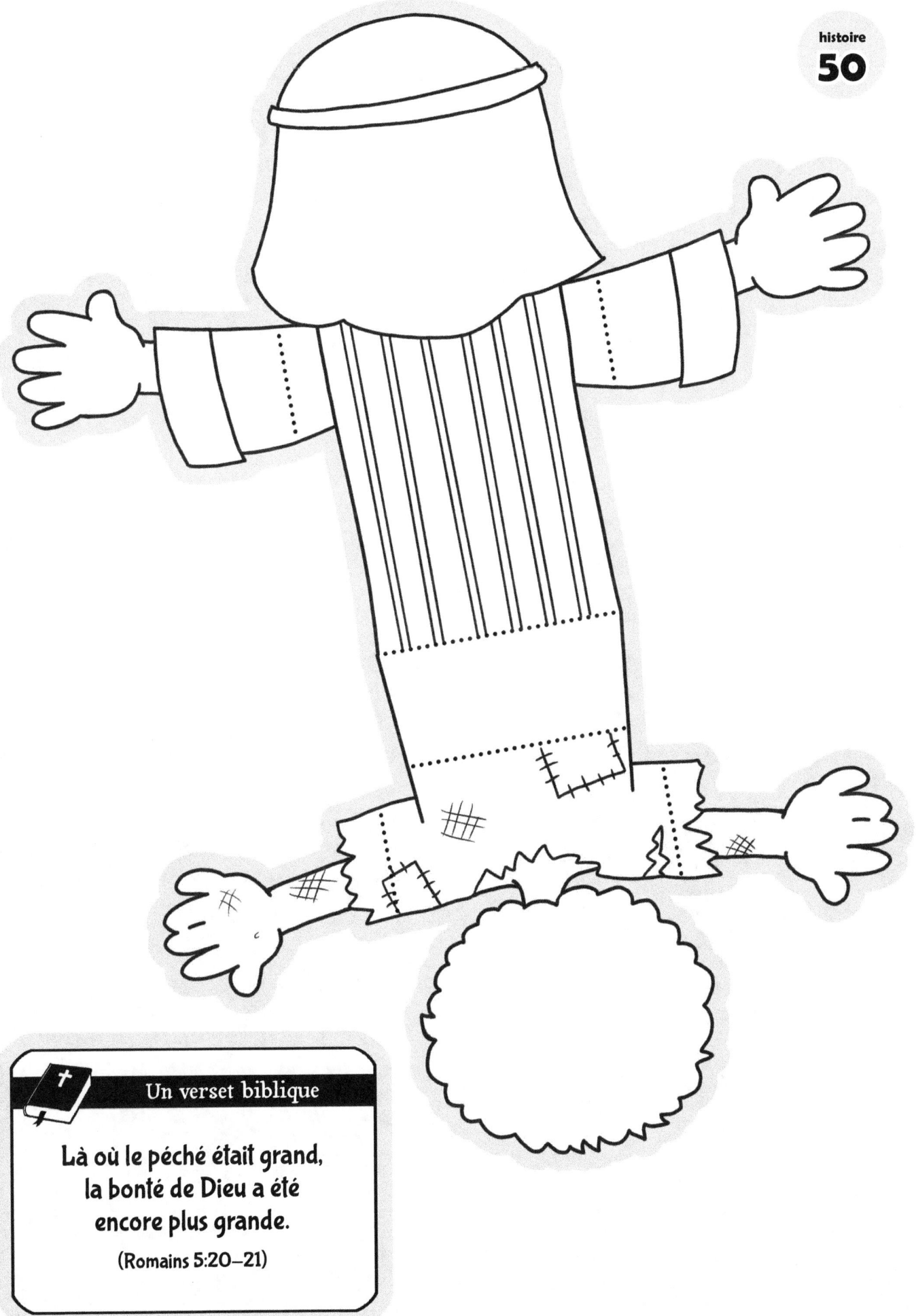

Un verset biblique

Là où le péché était grand, la bonté de Dieu a été encore plus grande.

(Romains 5:20–21)

histoire **51**

 Un verset biblique

Rendez grâces en toutes choses, car cela plaît à Dieu.

(1 Thessaloniciens 5:18)

histoire **52**

 Un verset biblique

Si nous reconnaissons nos péchés, il nous pardonnera et nous purifiera de tout mal.

(1 Jean 1:9)

histoire **52**

124

Un verset biblique

Souvenez-vous de moi chaque fois que vous mangerez de ce pain et boirez de cette coupe.

(1 Corinthiens 11:24–25)

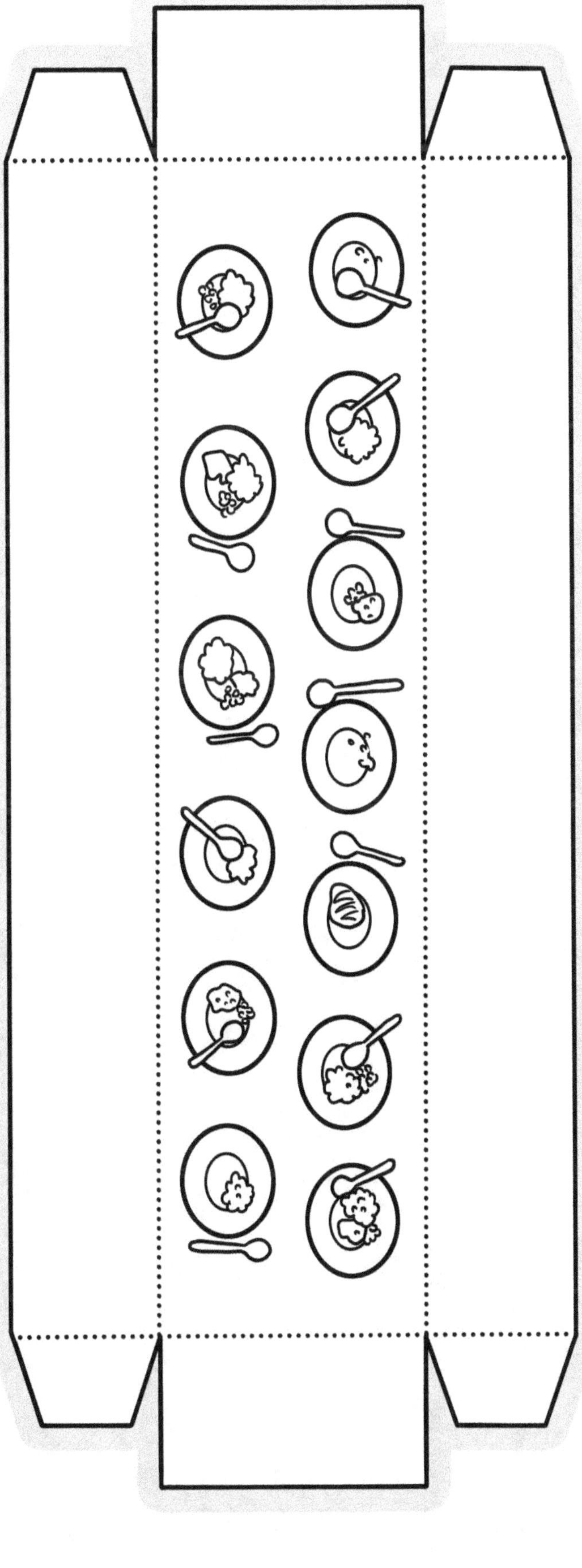

histoire
54

histoire **54**

127

Un verset biblique

Dieu a tant aimé le monde qu'il a donné son Fils unique. Si nous croyons en lui, nous vivrons pour toujours.

(Jean 3:16)

histoire **55**

Découpez le rectangle gris à l'intérieur du cœur puis collez le rabat de la porte à gauche du trou.

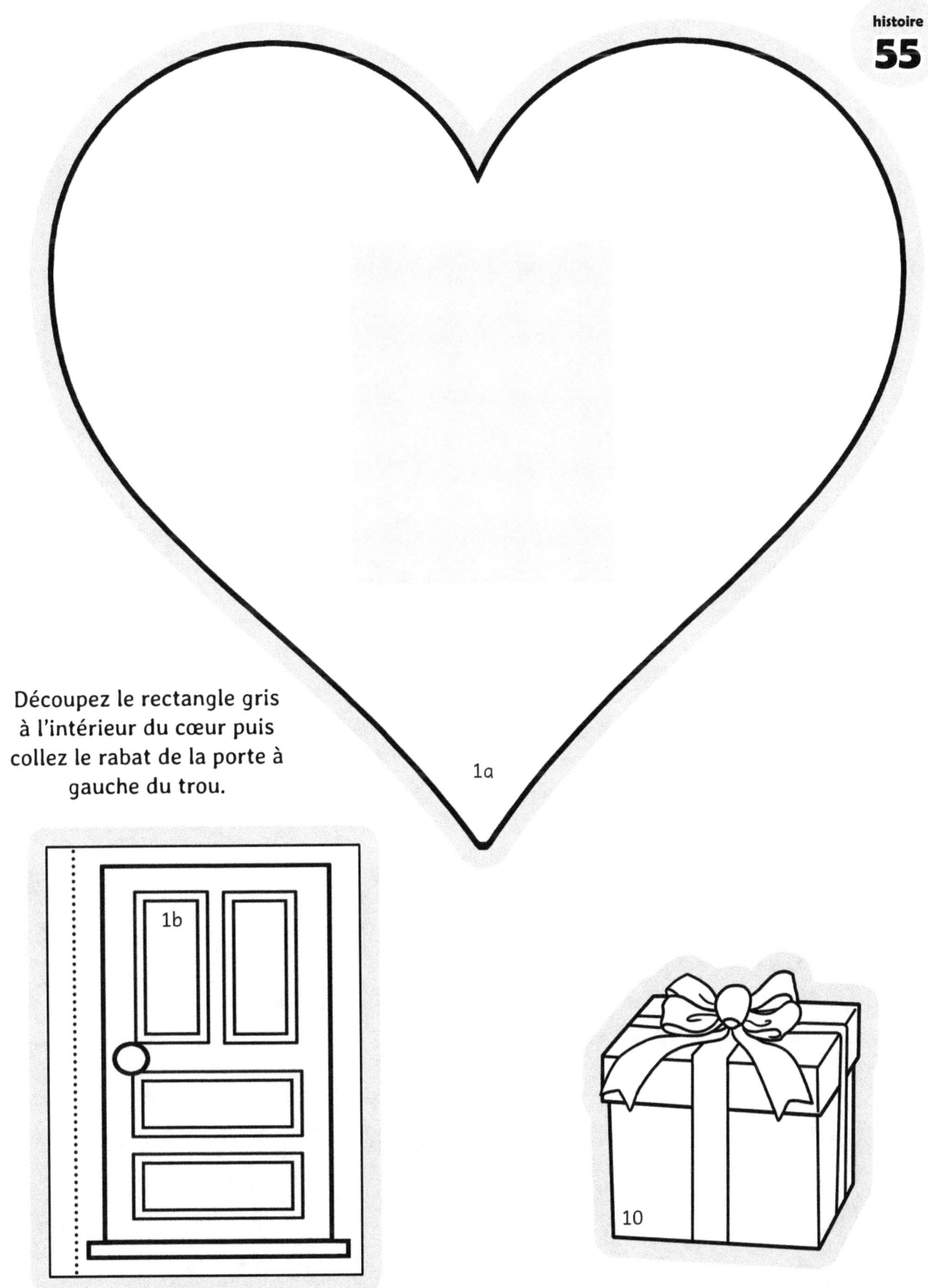

histoire **56**

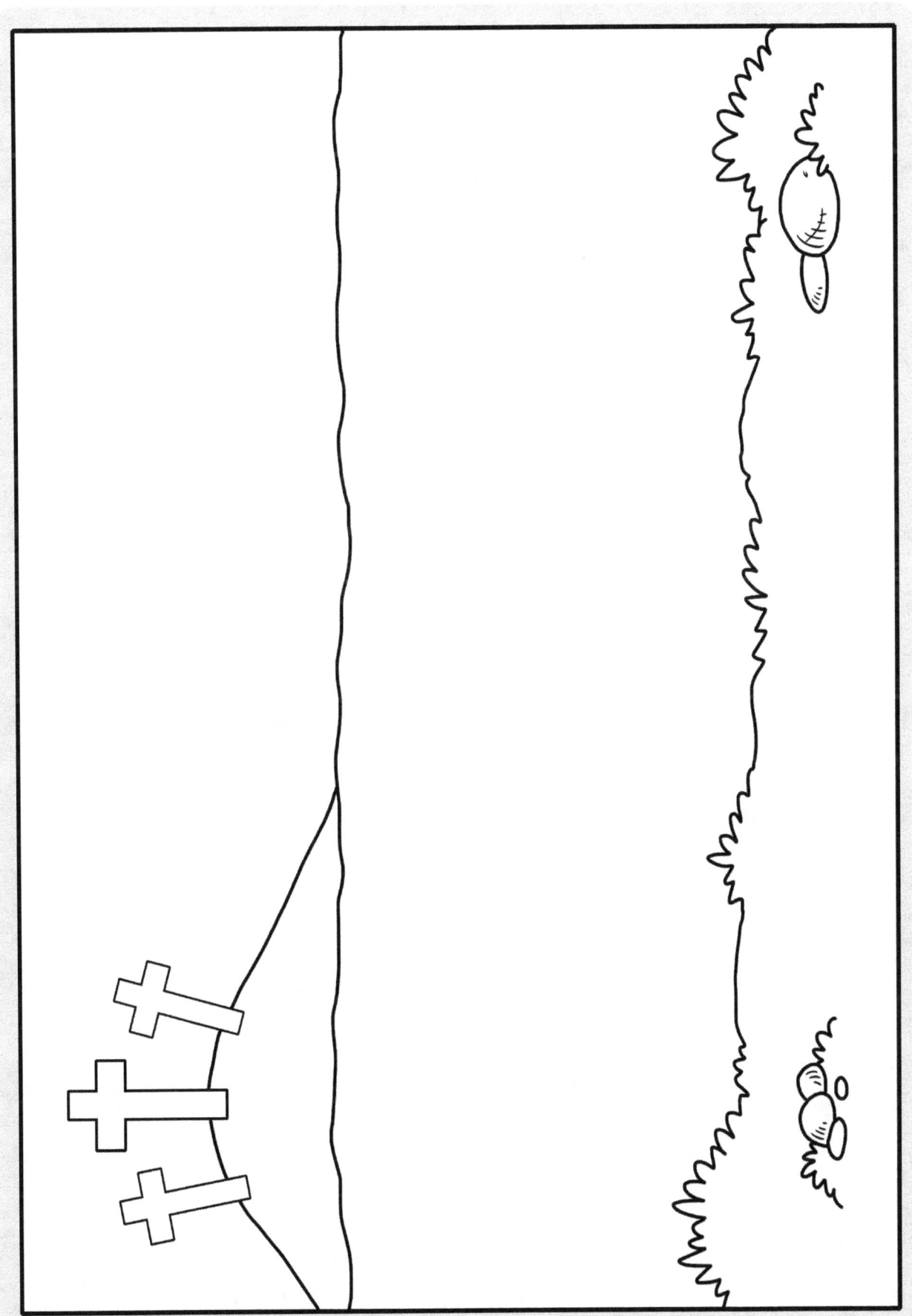

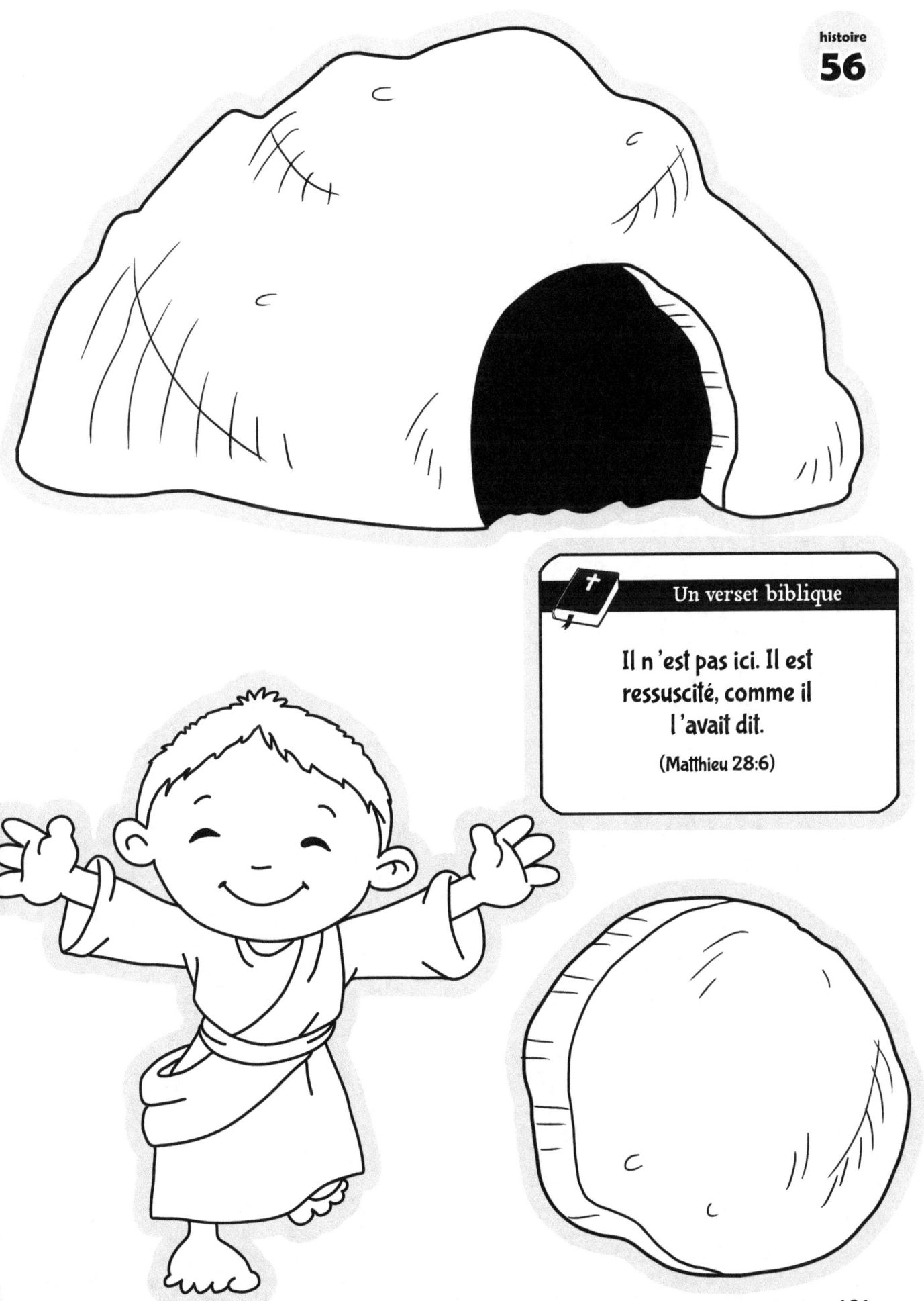

Célébrons Pâques !

Jésus est ressuscité des morts, comme Il l'avait promis !

N'attends pas, partage la Bonne Nouvelle dès aujourd'hui !

Hourra ! Jésus est vivant !

Nous aimons Jésus et Il nous aime.

Jésus est mort pour nous sauver de nos péchés.

Nous vivrons pour toujours au Ciel, avec Jésus.

Jésus est réel, et Il vit dans nos coeurs.

Jésus est le seul à être ressuscité des morts.

Est-ce que tu crois en Jésus ? Oui, je crois en Lui.

Jésus est le fils de Dieu.

Jésus est la résurrection et la vie.

Pâques nous apporte un message d'espérance.

Réjouis-toi et loue-le, car Il est ressuscité.

Si tu crois en Jésus, tu vivras éternellement.

histoire **56**

histoire **58**

Nous sommes remplis **d'amour** par le Saint-Esprit.  Romains 5:5	Dieu nous remplit de **joie** par le Saint-Esprit.  Romains 15:13	Le Saint-Esprit nous aide à dire la **vérité**.  Jean 16:13
Le Saint-Esprit nous aide à nous **rappeler** certaines choses.  Jean 14:26	Le Saint-Esprit nous donne la paix et un cœur rempli de **confiance**.  Jean 14:27	Le Saint-Esprit nous remplit de la **puissance** de Dieu.  Éphésiens 3:16
 Le Saint-Esprit nous **enseigne**. Jean 14:26	Luc 12:11-13  Le Saint-Esprit nous donne les **mots** qu'il faut dire.	Le Saint-Esprit nous aide à **parler** aux autres de Jésus.  Actes 1:8

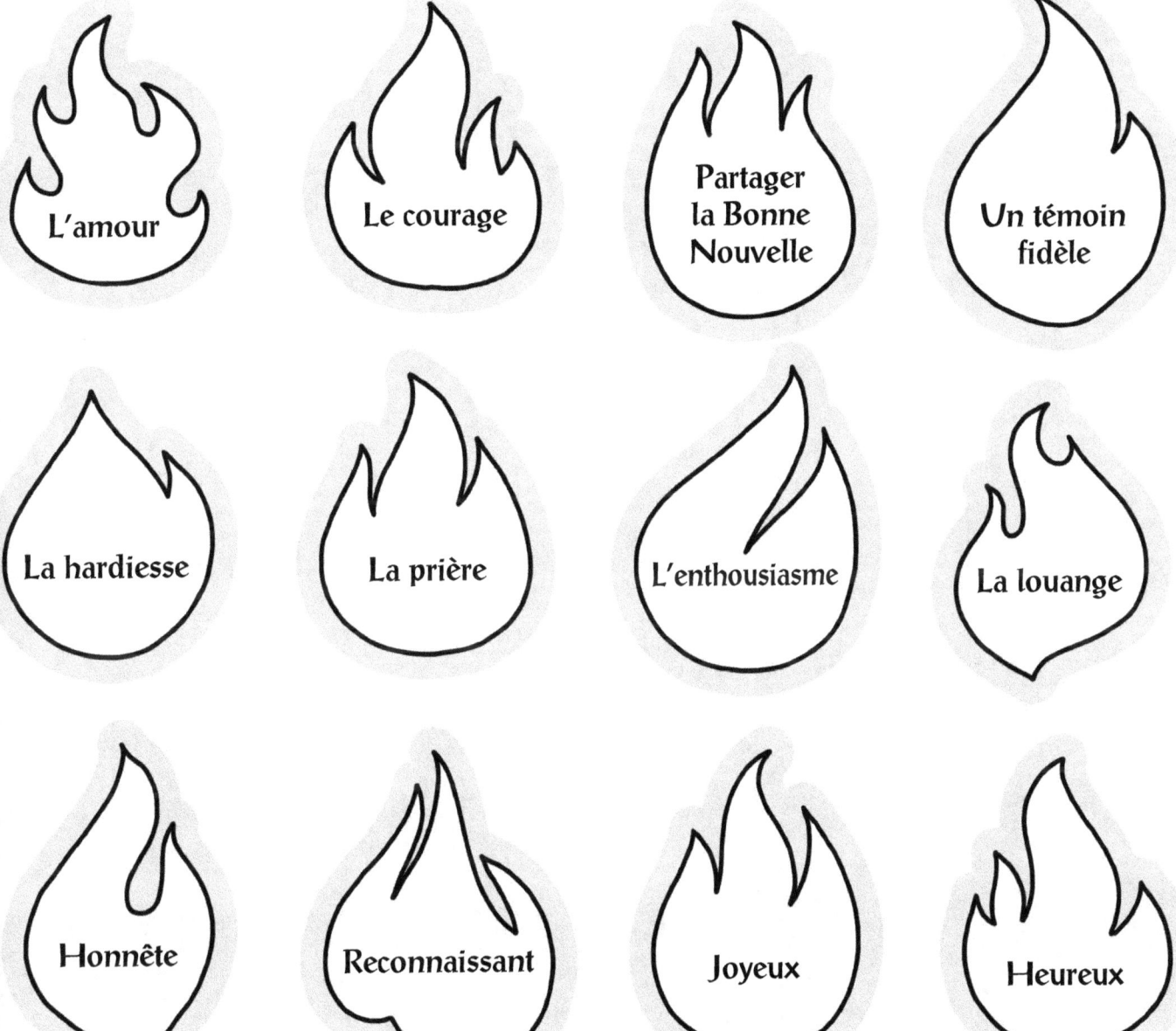

histoire **58**

 Un verset biblique

Le Saint-Esprit viendra sur vous et vous serez mes témoins dans le monde entier.

(Actes 1:8)

histoire **58**

 Un verset biblique

Allez dans le monde entier et prêchez la Bonne Nouvelle à tout le monde.

(Marc 16:15)

histoire **59**

histoire
59

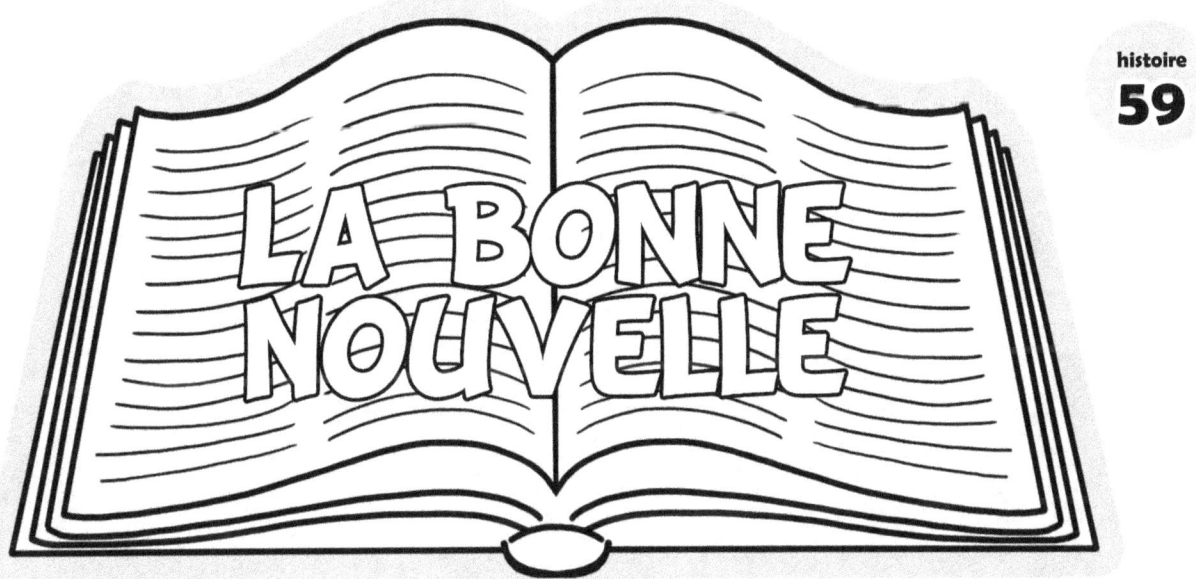

LA BONNE NOUVELLE

histoire **59**

DIEU EST BON.

Jésus t'aime.

L'amour de Dieu dure à toujours.

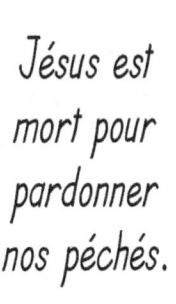

Jésus est mort pour pardonner nos péchés.

Jésus sauve.

JÉSUS EST TOUJOURS AVEC MOI.

Il donne la vie éternelle.

Collez ici ↓

histoire **60**

Collez ici ↓

le Ciel   *le Ciel*

139

www.ingramcontent.com/pod-product-compliance
Lightning Source LLC
Chambersburg PA
CBHW081441070526
44586CB00019B/2193